Manual do
Coração de Jesus

Atualização: Pe. Raul Paiva, SJ
Pe. Eliomar Ribeiro, SJ
Revisão: Gabriel Frade

Edições Loyola Jesuítas
Rua 1822 n° 341 – Ipiranga
04216-000 São Paulo, SP
T 55 11 3385 8500/8501, 2063 4275
editorial@loyola.com.br
vendas@loyola.com.br
www.loyola.com.br

Todos os direitos reservados. Nenhuma parte desta obra pode ser reproduzida ou transmitida por qualquer forma e/ou quaisquer meios (eletrônico ou mecânico, incluindo fotocópia e gravação) ou arquivada em qualquer sistema ou banco de dados sem permissão escrita da Editora.

ISBN 978-85-15-00332-7

97ª edição: 2025

© EDIÇÕES LOYOLA, São Paulo, Brasil, 1983

110120

Manual do
Coração de Jesus

Apostolado da oração
Brasil

Edições Loyola

> **Lembrança de minha entrada no**
> **Apostolado da Oração**
>
> No dia: _____ de _____ de _____
> Nome: _____
> Cidade: _____

Dias santos de guarda
Solenidade da Mãe de Deus | 1º de janeiro
Corpo e Sangue de Cristo | quinta-feira depois da SS. Trindade
Nossa Senhora Aparecida | 12 de outubro
Imaculada Conceição | 8 de dezembro
Natal | 25 de dezembro

Dias de jejum e abstinência
Quarta-feira de Cinzas
Sexta-feira Santa

Com aprovação eclesiástica

Sumário

História do Apostolado da Oração 9

Oferecimento diário 15

Estatutos da RMOP (Apostolado da Oração) 17

Indulgências concedidas pela Santa Sé
    ao Apostolado da Oração 35

Rito de acolhida e consagração dos membros
    do Apostolado da Oração 37

Rito de admissão ao Movimento
    Eucarístico Jovem (MEJ) 43

Rito para a Entronização e Consagração
    das famílias 49

Um roteiro de reunião mensal 55

Orações da manhã 59

Orações da noite 63

Orações diversas 67

Hora Santa	81
Hora Santa — As doze promessas	87
Doze promessas do Sagrado Coração de Jesus	97
Missa da Solenidade do Sagrado Coração de Jesus	99
Bênção do Santíssimo Sacramento	105
Ladainha do Sagrado Coração	109
Ladainha do Preciosíssimo Sangue	113
Sete oferecimentos do Sangue de Cristo	117
Ato de desagravo para a festa do Sagrado Coração, diante do Santíssimo exposto	121
Consagração ao Sagrado Coração de Jesus para a festa de Cristo Rei	123
Primeira Consagração ao Coração de Jesus composta por Santa Margarida	125
Consagração de uma paróquia ou grupo ao Sagrado Coração de Jesus	127
Novena para a festa do Sagrado Coração	129
Meditação para a Novena do Coração de Jesus	135
Novena perpétua ao Sagrado Coração de Jesus	139
Tríduo de agradecimento ao Sagrado Coração de Jesus	141
Via-sacra bíblica	143

Mistérios do Santo Rosário	163
Ladainha de Nossa Senhora	167
Consagração do mundo ao Coração Imaculado de Maria (Pio XII)	171
Terço ao Sagrado Coração de Jesus	175
Novena a Nossa Senhora Aparecida	177
Novena à Imaculada Conceição	179
Novena a São José	181
Tríduo a Santa Margarida Maria	185
Novena da Graça a São Francisco Xavier	191
Tríduo ao Sagrado Coração por um doente	193
Oração dos que cuidam dos doentes	195
Oração de preparação para a morte	197
Orações pelos agonizantes	199
Oração para depois da morte	201
Celebração da Esperança (pelos falecidos)	203
Te Deum	211
Cantos diversos	213

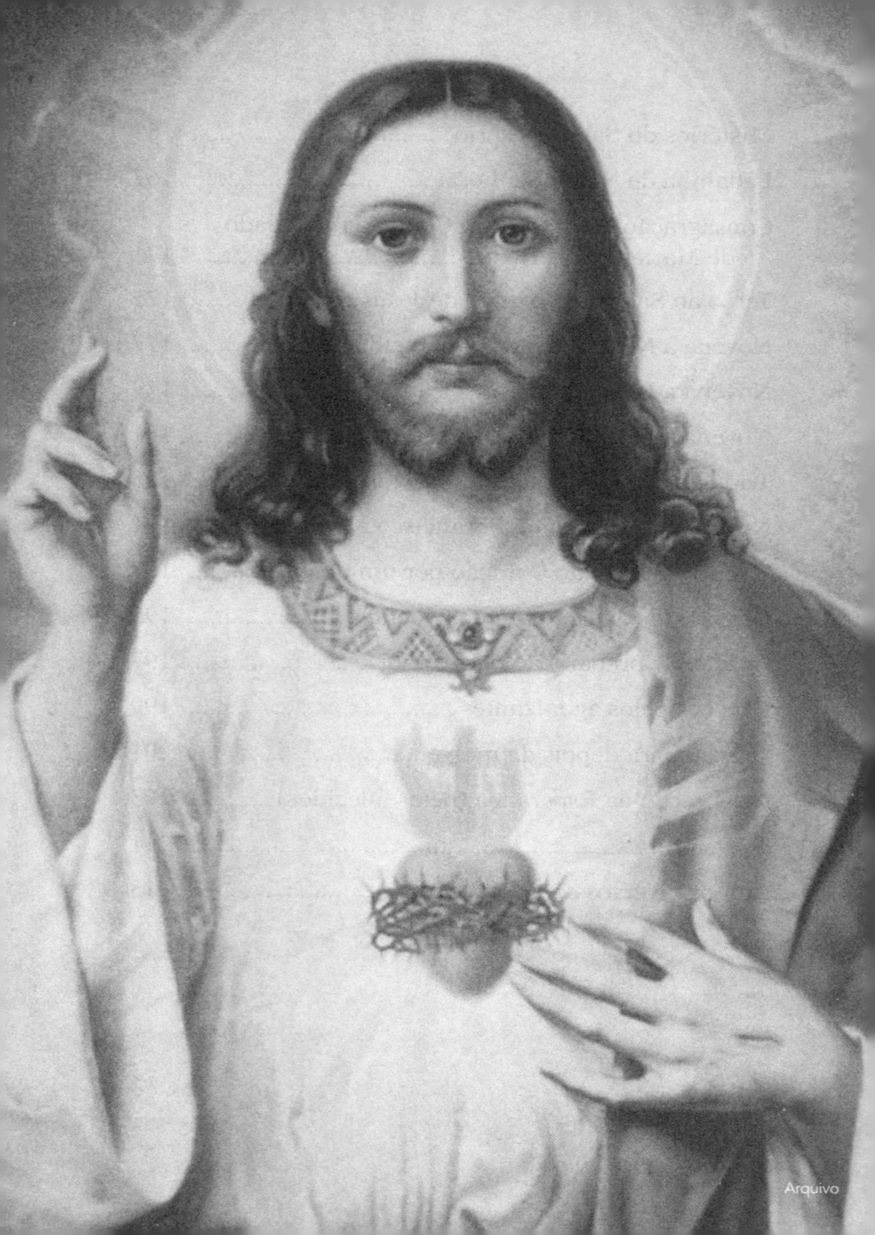

Arquivo

História do Apostolado da Oração

O Apostolado da Oração nasceu num Seminário da Companhia de Jesus, em Vals, perto de Le Puy, na França.

No dia 03 de dezembro de 1844, festa de São Francisco Xavier, o Pe. Francisco Xavier Gautrelet, SJ, explicou aos jovens estudantes seminaristas, animados de zelo pelas missões, como as orações e sacrifícios poderiam levar preciosíssimo auxílio àqueles que trabalhavam já na seara do Senhor.

As ideias propostas naquela exortação espiritual que deram origem ao Apostolado da Oração foram imediatamente concretizadas por aqueles jovens, dentro do colégio. Divulgadas, depois, por alguns sacerdotes nas regiões vizinhas, em breve se tornaram conhecidas em toda a França e não tardaram a ser levadas às outras nações.

Para difundir estas ideias, o Pe. Gautrelet sugeriu uma pequena organização, que levou o nome de "Apostolado da Oração". Foi aprovada pelo Bispo de Le Puy, e o Papa Pio IX concedeu-lhe, em 1849, as primeiras indulgências.

Mas a divulgação do Apostolado da Oração (AO) no mundo deve-se, sobretudo, ao Pe. Henrique Ramière, SJ. Foi ele o grande organizador e promotor do AO. Em numerosos artigos e escritos, explicou amplamente e, de maneira acessível, a doutrina do AO, e deu à obra uma forma definitiva.

Em 1861, publicou um livro intitulado "O Apostolado da Oração, santa Liga de corações cristãos unidos ao Coração de Jesus". Era uma reedição ampliada de um opúsculo anteriormente publicado pelo Pe. Francisco Xavier Gautrelet.

No mesmo ano, começou a publicação de uma revista mensal intitulada Mensageiro do Coração de Jesus, que rapidamente se difundiu em todas as nações, nas respectivas línguas: na Itália em 1864; na Áustria no ano seguinte; nos Estados Unidos e na Espanha em 1866; na Colômbia e na Hungria em 1867; na Inglaterra em 1868; na Holanda e na Bélgica em 1869 etc.

Quando o Pe. Henrique Ramière morreu, em 1883, o AO contava no mundo todo com 35.600 centros com mais de 13 milhões de associados.

O Apostolado da Oração no Brasil

No Brasil, o primeiro centro do AO foi fundado dia 30 de junho de 1867, em Recife (PE), na igreja de Santa Cruz, cuidada então pelos padres jesuítas, chegados a Pernambuco em 1865. O Pe. Bento Schembri, SJ, foi seu fundador e primeiro diretor. Foi um centro local e isolado.

No dia 1º de outubro de 1871, o Pe. Bartolomeu Taddei, missionário jesuíta recém-chegado da Itália, fundou o primeiro centro do AO na cidade de Itu (SP), fundando logo outros centros em nível diocesano e nacional pelo Brasil afora. Por essa razão, o Pe. B. Taddei é considerado o fundador e o propagador no Brasil. Nomeado Diretor Nacional, Pe. Taddei estendeu o AO a todos os estados, de tal forma que o Cardeal D. Sebastião Leme afirmou que "o renascimento espiritual do Brasil é obra do AO".

No dia 1º de junho de 1896, Pe. Taddei conseguiu superar todas as dificuldades e lançar o primeiro número da revista *Mensageiro do Coração de Jesus*, como revista de formação cristã e órgão oficial do AO. Além disso, com a colaboração fervorosa do AO, Pe. Taddei realizou o Primeiro Congresso Católico Brasileiro, em 1900, na Bahia, completado com o Congresso de São Paulo e o do Rio de Janeiro. Esses congressos prepararam o caminho para a Ação Católica e para a Ação Social em nosso país.

Intensificando a vida eucarística e a devoção ao Sagrado Coração de Jesus, o AO revitalizou por toda a parte a prática da religião, tanto individualmente como nas famílias (por meio da consagração das famílias), através da consagração de municípios, de cidades, de estados e de todo o Brasil. A consagração do nosso país ao Sagrado Coração de Jesus foi realizada oficialmente por ocasião do 36º Congresso Eucarístico Internacional celebrado em 1955 no Rio de Janeiro.

Pe. Taddei faleceu dia 3 de junho de 1913, em Itu, junto ao Santuário do Coração de Jesus, por ele edificado, deixando em pleno funcionamento 1.390 centros do AO espalhados por todo o Brasil, com milhares de associados.

Após a morte do Pe. Taddei, o novo secretário nacional foi o Pe. Aloísio Yábar, que permaneceu na função até 1926, sendo substituído pelo Pe. Emmanuel Gabinio de Carvalho até o ano de 1940.

O Apostolado da Oração foi crescendo sempre mais e se espalhando pelo país. De 1941 a 1963 o secretário nacional foi o Pe. José da Frota Gentil que muito contribui também para o crescimento do apostolado. O seu sucessor, Pe. José Tarcísio Camargo de Barros, assumiu a missão entre os anos de 1964 a 1974. Ele foi substituído por Pe. Maurilo Donato Sampaio no ano de 1977.

Entre os anos 1978 a 2006 quem esteve na função foi o Pe. Roque Schneider, incansável apóstolo que muito tem contribuído para a organização e visibilidade do AO. Sendo secretário nacional por quase 30 anos, visitou a maioria dos centros do AO e animou a fundação de tantos outros. A revista Mensageiro também cresceu, ultrapassando a marca de 100 mil de assinantes. Foi também ele um grande incentivador no Movimento Eucarístico Jovem (MEJ).

Em 2007, o seu substituto foi o Pe. Otmar Jacob Schwengber, permanecendo até o final de 2014. Pe. Otmar também visitou muitos centros do AO pelo país, criou a Sede Nacional do AO-MEJ em São Paulo, ajudou a promover a "Recriação" do Movimento proposta pelo Papa Francisco e pela direção mundial.

Em dezembro de 2014, foi nomeado como diretor nacional o Pe. Eliomar Ribeiro de Souza. A ele foi pedido para continuar a missão de seus predecessores com ênfase sobretudo na implementação do processo de "Recriação" da Rede Mundial de Oração do Papa. Na celebração dos 100 anos do MEJ e dos 170 anos do AO, a nomeação do Pe. Eliomar Ribeiro reforça o desejo da Companhia de Jesus no Brasil de animar e fortalecer a missão destes grupos em nossas Dioceses e Paróquias.

Desde o ano de 2018, com o novo Estatuto promulgado pelo Papa Francisco, o Apostolado da Oração se torna a Rede Mundial de Oração do Papa, que inclui o Movimento Eucarístico Jovem. Já não é designado mais como Associação, mas agora, como uma Obra Pontifícia, é um serviço eclesial que se dispõe sempre mais a ajudar a Igreja com a Oração diária de Oferecimento da própria vida de seus membros, bem como divulgar as intenções mensais de Oração que o Papa nos confia e cuidar e divulgar a devoção ao Sagrado Coração de Jesus. No Brasil, o Apostolado da Oração, é o maior serviço eclesial atuante na Igreja.

Em 2024, com a promulgação definitiva dos novos Estatutos da Rede Mundial de Oração do Papa, o Santo Padre cria Fundação Pontifícia para garantir não só juridicamente, mas também angariar recursos financeiros para manter os projetos de divulgação deste serviço pontifício.

Oferecimento diário

Deus, nosso Pai, eu te ofereço todo o dia de hoje: minhas orações e obras, meus pensamentos e palavras, minhas alegrias e sofrimentos, em reparação de nossas ofensas, em união com o Coração de teu Filho, Jesus, que continua a oferecer-se a Ti, na Eucaristia, pela salvação do mundo. Que o Espírito Santo, que guiou a Jesus, seja meu guia e meu amparo neste dia para que eu possa ser testemunha do teu amor. Com Maria, Mãe de Jesus e da Igreja, rezo especialmente pela intenção do Santo Padre para este mês...

(Texto aprovado com o "Nihil Obstat" de D. Odilo Pedro Scherer, Cardeal-Arcebispo de São Paulo.)

O Vaticano II louva e recomenda o Oferecimento diário

"Todas as obras, orações e iniciativas apostólicas... o trabalho cotidiano e o descanso do corpo e da alma, se forem feitos no Espírito, e as próprias incomodidades da vida suportadas com paciência, se tornam outros tantos sacrifícios espirituais... piedosamente oferecidos ao Pai, juntamente com a oblação do corpo do Senhor, na celebração eucarística. Desta maneira os Leigos... consagram a Deus o próprio mundo" (*Lumen Gentium*, n. 34).

Estatutos da Rede Mundial de Oração do Papa (Apostolado da Oração)

Incluindo o seu braço jovem
Movimento Eucarístico Jovem

INTRODUÇÃO

A pedido e por iniciativa do Pe. Adolfo Nicolás, SJ, Superior Geral da Companhia de Jesus, o Pe. Cláudio Barriga, SJ, naquela época Delegado Internacional, deu início ao processo de recriação do Apostolado da Oração. Esta primeira etapa foi concluída quando, através da carta da Secretaria de Estado do Vaticano, com data de 11 de julho de 2014, o Papa Francisco aprovou o processo de recriação do Apostolado da Oração. O referido processo vinha apresentado no documento intitulado "Um caminho com Jesus, em disponibilidade apostólica", que foi publicado em dezembro de 2014.

Numa Carta dirigida aos bispos de todo o mundo, no dia 7 de julho de 2016, o Papa Francisco nomeia, por sugestão do Superior Geral da Companhia de Jesus, o Pe. Frédéric Fornos, SJ, como Diretor Internacional da Rede Mundial de Oração do Papa e solicita que se elaborem novos Estatutos tendo em conta o processo de recriação que já estava acontecendo.

Em junho de 2017, o Superior Geral da Companhia de Jesus, Pe. Arturo Sosa, SJ, acompanhado pelo Diretor internacional, entregou ao Santo Padre uma primeira versão dos Estatutos do Apostolado da Oração recriado como Rede Mundial de Oração do Papa, que inclui o MEJ (Movimento Eucarístico Jovem).

A aprovação dos novos Estatutos deu-se em 2018, quando o Papa Francisco estabeleceu a Rede Mundial de Oração do Papa como Obra Pontifícia, para sublinhar o caráter universal desta missão e para mobilizar os católicos, através da oração e da ação, diante dos desafios da humanidade e da missão da Igreja expressos pelas intenções de oração do Papa.

Com os novos Estatutos, declarou-se que esta Obra Pontifícia integra o seu braço jovem, o Movimento Eucarístico Jovem, e se estabeleceu que os Grupos do Apostolado da Oração se configuram como uma das modalidades de participação nesta Rede, juntamente com outras modalidades, a saber, as Comunidades da Rede Mundial de Oração, Paróquias, Santuários, outros grupos ou a modalidade de participação individual.

Passados dois anos, o Santo Padre, em dezembro de 2020, instituiu como pessoa jurídica canônica e vaticana a Fundação "Rede Mundial de Oração do Papa", com Sede no Estado da Cidade do Vaticano. Estes Estatutos eram *ad experimentum* durante 3 anos, o tempo necessário para ver se eram adequados ou se era necessário alterá-los.

Em 1º de julho de 2024, o Santo Padre aprovou definitivamente os Estatutos da Rede Mundial de Oração do Papa. O Estatuto atual substitui o anterior (por isso diz que suprime o anterior). No entanto, a Entidade como tal em nada vem alterada, dado que permanece em vigor o *Rescriptum* de 17/12/2020 que a erigiu como pessoa jurídica canônica e vaticana. Este *Rescriptum* encontra-se na página seguinte.

Em resumo, a Rede Mundial de Oração do Papa tem dois atos normativos que a definem: o *Rescriptum* de 17/12/2020 e os Estatutos de 01/07/2024.

QUIRÓGRAFO DO SANTO PADRE FRANCISCO PARA A INSTITUIÇÃO EM PESSOA JURÍDICA CANÔNICA E VATICANA DA FUNDAÇÃO "REDE MUNDIAL DE ORAÇÃO DO PAPA"

A <u>Rede Mundial de Oração do Papa</u>, anteriormente Apostolado da Oração, iniciada na França pelo Rev. Pe. François-Xavier Gautrelet, SJ, funda-se na espiritualidade do Sagrado Coração de Jesus e acolhe as intenções de oração mensais propostas pelo Papa à Igreja.

Há poucos anos instituí a Rede Mundial de Oração do Papa como Obra Pontifícia para sublinhar o caráter universal do referido apostolado e a necessidade que todos temos de rezar cada vez mais e com sinceridade de coração.

A fim de coordenar e animar este serviço eclesial que me é tão querido, dotando-o de uma estrutura adequada aos tempos que vivemos, em virtude da potestade apostólica na Igreja e da soberania no Estado da Cidade do Vaticano, tendo em conta os cânones 331, 114 e 115 §3, 116 §1 e 1303 §1, n. 1 do Código de Direito Canônico, e o art. 1 n. 1 da <u>Lei Fundamental da Cidade do Vaticano desde 26 de novembro de 2000</u>, aceitando a instância apresentada pela Rede Mundial de Oração do Papa,

INSTITUO

Como pessoa jurídica canônica e vaticana a Fundação "Rede Mundial de Oração do Papa", com sede no Estado da Cidade do Vaticano, regida pelos Estatutos anexos a este Quirógrafo, hoje aprovados por mim, que entrarão em vigor a partir de 17 de dezembro de 2020.

Cidade do Vaticano, 17 de novembro de 2020.

Franciscus

PREÂMBULO

A Rede Mundial de Oração do Papa (RMOP) desenvolveu-se a partir da iniciativa original do Apostolado da Oração, fundado na França, em 1844, por ação do Pe. François-Xavier Gautrelet, SJ, inicialmente dirigido aos jovens Jesuítas, durante os primeiros anos da sua formação, e se difundiu rapidamente como Apostolado da Oração pela missão da Igreja, atingindo então cerca de 13 milhões de associados, em muitos países.

Mais tarde, em 1915, nasceu a sua seção jovem, a Cruzada Eucarística, atualmente Movimento Eucarístico Jovem.

Os Estatutos do Apostolado da Oração foram revistos ao longo dos anos (1866, 1879, 1896, 1968, 2018, 2020), tornando-se cada vez mais um serviço da Santa Sé próximo à oração pelas intenções do Santo Padre (como desejado, de modo especial, por Leão XIII e Pio XI).

Na linha dos seus predecessores, o Papa Francisco quis que este serviço ao Santo Padre, se tornasse uma Obra Pontifícia, por meio da oração.

Deste modo, se no passado o Apostolado da Oração era visto como uma missão da Santa Sé confiada à Companhia de Jesus, de agora em diante, como Rede Mundial de Oração do Papa, continua a ser confiada à Companhia[1], mas abre-se a uma dimensão universal, colocando-se a serviço de cada Igreja particular no mundo.

A RMOP coordena e anima esta ação espiritual em muitos países, apoiando a missão evangelizadora do Santo Padre por uma missão de compaixão pelo mundo por meio da oração.

O Movimento Eucarístico Jovem é a proposta da RMOP para os jovens.

TÍTULO I
DENOMINAÇÃO, SEDE, NATUREZA E OBJETIVO DA FUNDAÇÃO

Artigo 1 — 1. Com o *Rescriptum ex Audientia SS.mi*, de 17 de novembro de 2020, constituiu-se a Fundação Vaticana denominada "REDE MUNDIAL DE ORAÇÃO DO PAPA".

2. A sede legal é no Estado da Cidade do Vaticano, na Via del Pellegrino. Goza de personalidade jurídica canônica pública e de personalidade jurí-

---

[1] Cf. *Normas Complementares da Companhia de Jesus*, 309 §2: "Entre tais associações, a Companhia promove com especial atenção e acompanha, exorta cada Província a fazer o mesmo... o Apostolado da Oração e o Movimento Eucarístico Jovem, estes dois últimos por encargo da Santa Sé".

dica civil vaticana e está inscrita no Registro de Pessoas Jurídicas do Estado da Cidade do Vaticano.

3. A partir da data presente, o Estatuto da Entidade "RMOP", aprovado a 17 de novembro de 2020, fica cancelado.

Artigo 2 — 1. A Rede Mundial de Oração do Papa (RMOP) é uma Obra Pontifícia a serviço da Santa Sé que o Sumo Pontífice confia aos cuidados da Companhia de Jesus. Tem uma função de coordenação e animação a nível mundial, lá onde países e dioceses assumem a oração como forma de apostolado e, em particular, acolhem as intenções mensais de Oração propostas pelo Santo Padre à Igreja, como tema ou conteúdo da oração pessoal, ou de grupo, colaborando deste modo com a missão da Igreja colocando-se a serviço dos desafios da humanidade.

2. A RMOP está aberta a todos os católicos que desejam despertar, renovar e viver o caráter missionário que procede do seu batismo.

3. O seu fundamento é a espiritualidade do Coração de Jesus e está explicitado no documento de Recriação do Apostolado da Oração intitulado "Um caminho com Jesus em disponibilidade apostólica" (Roma, 3 de dezembro de 2014), oferecendo ao discípulo de Jesus um caminho para fazer com que o seu

sentir e o seu agir se identifiquem com o Coração de Cristo, numa missão de compaixão pelo mundo.

Artigo 3 — 1. O patrimônio da Fundação é constituído pela dotação inicial da soma de € 150.000,00 (cento e cinquenta mil euros) e US$ 280.000,00 (duzentos e oitenta mil dólares).

2. O patrimônio pode ser acrescido:

a) Por aquisições, herança ou doações de bens móveis e imóveis entregue à Fundação e destinados sempre à continuação das finalidades institucionais especificadas no presente Estatuto;
b) Por contribuições de sujeitos públicos ou privados;
c) Por meio de *royalties*, por exemplo, os direitos de autor, das iniciativas postas em ação com os fins institucionais.

Artigo 4 — A RMOP propõe aos católicos um itinerário espiritual chamado "O Caminho do Coração", que integra duas dimensões:

**a. A compaixão pelo mundo
e pelos seres humanos**

O Santo Padre confia à Fundação a missão de dar a conhecer, promover e estimular a oração pelas suas intenções, que expressam os desafios da humanidade e da missão da Igreja. Aquela é responsável pela sua difusão em todo o mundo empenhando-se em promovê-las. As pessoas que acolhem e rezam por estas intenções abrem o seu olhar e o seu coração às necessidades do mundo, fazendo suas as alegrias e as esperanças, as dores e os sofrimentos da humanidade e da Igreja, e sentem-se movidas a cumprir obras de misericórdia espirituais e corporais. Desta forma, vivem um itinerário espiritual que permite sair da "globalização da indiferença", abrindo-se à compaixão pelo mundo.

b. A comunhão com a missão do Filho

Através deste itinerário espiritual, animado e coordenado pela RMOP, desperta-se a vocação missionária de cada batizado, permitindo-lhe colaborar, na sua vida cotidiana, com a missão que o Pai confiou ao seu Filho. Deste modo, ele torna-se interiormente disponível ao chamado de Deus através do seu Espírito Santo, que interpela e guia cada coração e cada consciência humana em direção ao bem.

Artigo 5 — "O caminho do Coração" é um processo espiritual estruturado pedagogicamente para que cada um se identifique com o pensar, o querer e os projetos de Jesus. Deste modo, a pessoa batizada se dispõe a acolher e servir o Reino de Deus, motivada pela compaixão ao estilo do Filho de Deus. Este percurso vai ampliar sua disponibilidade para a missão da Igreja.

TÍTULO II
ÓRGÃO DE GOVERNO

Artigo 6 — São Órgãos da Fundação:

a) O Conselho de Administração
b) O Diretor Internacional
c) Os Vice-Diretores
d) O Revisor de Contas

Artigo 7 — A Fundação está diretamente submetida à Autoridade do Sumo Pontífice, que a governa através da Secretaria de Estado, tendo em conta o fato histórico de que, desde o início, o Apostolado da Oração foi confiado à Companhia de Jesus.

Artigo 8 — 1. A Fundação está confiada a um Conselho de Administração (daqui em diante Conselho) constituído por cinco membros.

2. O Conselho é presidido pelo Diretor Internacional que, se possível, pertencerá à Companhia de

Jesus, proposto pelo Superior Geral da mesma Companhia de Jesus e nomeado pelo Santo Padre por cinco anos, renovável. O mesmo Superior Geral fará uma eventual proposta de confirmação ao Santo Padre, por um período adicional.

3. O Conselho é composto, para além do Diretor Internacional, por umrepresentante da Secretaria de Estado epor três membros propostos pelo Superior Geral da Companhia de Jesus.

4. Os membros do Conselho são nomeados pelo Secretário de Estado por um quinquênio, e podem ser reconduzidos no cargo. O prazo do cargo confiado ao Conselho é, de qualquer modo, prorrogado até à aprovação do balanço relativo ao último exercício do mandato.

5. Em caso de vacância durante o quinquênio façam-se as eventuais substituições para o tempo restante do mandato, conforme previsto nos pontos 3 e 4 do presente artigo.

6. Os Conselheiros perdem o próprio cargo no caso de ausência a três reuniões consecutivas sem motivo justificado; perdem o cargo também no caso de realizarem publicamente atos contrários à moral e aos princípios da Igreja Católica, ou se vierem a encontrar-se em situações de incompatibilidade

com a permanência no cargo. A demissão é declarada pelo Secretário de Estado, a pedido do Presidente do Conselho de Administração.

Artigo 9 — O Conselho de Administração reúne ordinariamente pelo menos três vezes ao ano, extraordinariamente quando o Presidente, ou três conselheiros o considerem oportuno. Caso o Diretor Internacional não possa presidir o Conselho de Administração, este será presidido pelo Conselheiro com maior antiguidade até o seu regresso ou até que o Santo Padre nomeie um novo Diretor Internacional.

Artigo 10 — O Conselho de Administração, como Órgão administrativo:

a) garante que a missão, a visão, a espiritualidade própria e o espírito eclesial da RMOP estejam de acordo com as orientações do Santo Padre e da Igreja Católica;
b) determina as orientações gerais e supervisiona o andamento da gestão da Fundação;
c) delibera acerca do orçamento para o ano seguinte e acerca do balanço do ano anterior, nos prazos indicados pela Secretaria de Economia. Os balanços, acompanhados pelos relatórios do Revisor, depois de receberem o

parecer da Secretaria de Estado, são transmitidos, pelo Presidente do Conselho de Administração, à Secretaria de Economia, que procede à sua aprovação final;
d) propõe, através do Presidente, eventuais modificações do Estatuto, que deve ser submetido à aprovação do Secretário de Estado, tendo o parecer favorável do Superior Geral da Companhia de Jesus;
e) aprova o plano de trabalho anual e o plano estratégico da Direção Internacional;
f) redige as atas das reuniões que devem ser antecipadamente transmitidas à Secretaria de Estado e ao Superior Geral da Companhia de Jesus, depois da respectiva aprovação na seguinte reunião do Conselho.

Artigo 11 — Compete ao Diretor Internacional:

a) gerir os assuntos ordinários da RMOP;
b) prestar contas anualmente ao Conselho de Administração da sua gestão;
c) informar o Conselho de Administração dos projetos internacionais elaborados e geridos com o Comitê de Assistência;
d) nomear os Diretores Regionais ou Nacionais para a coordenação e animação, precedida de

consulta ao Superior Provincial da Companhia de Jesus, com a aprovação da respectiva Conferência Episcopal;

e) nomear os Coordenadores Nacionais, que tenham disponibilidade de tempo pleno para esta missão e informar a respectiva Conferência Episcopal;

f) informar periodicamente o Superior Geral da Companhia de Jesus sobre as atividades da RMOP;

g) ter encontros continentais com os Diretores Nacionais ou Regionais e com os Coordenadores Nacionais.

h) caso o Diretor Internacional não possa desempenhar as suas funções na RMOP por doença ou morte, será substituído na gestão da RMOP por um Vice-Diretor, designado pelo Conselho de Administração.

Artigo 12 — 1. Para assistir o Diretor Internacional na sua missão, este terá dois Vice-Diretores.

2. Os Vice-Diretores são propostos pelo Superior Geral da Companhia de Jesus, nomeados pelo Secretário de Estado para um quinquênio e podem ser confirmados no cargo.

3. Participam no Conselho de Administração, mas sem direito a voto.

4. O Vice-Diretor que assuma temporariamente as funções do Diretor Internacional por incapacidade deste por motivos de saúde ou morte terá direito a voto no Conselho de Administração.

Artigo 13 — 1. O Revisor único é nomeado pela Secretaria de Economia para um quinquênio e pode ser reconfirmado no cargo.

2. É função do Revisor:

a) zelar pela observância do direito, do Estatuto e das outras disposições que dizem respeito à Fundação e em particular pelo registro da contabilidade e da correspondência do balanço à mesma contabilidade, segundo as normas previstas pelas disposições vigentes na lei nesta matéria. O revisor pode a qualquer momento realizar ações de inspeção e de controle;
b) supervisionar a gestão financeira da Fundação, fazendo, se considerado oportuno e/ou necessário, verificações de caixa;
c) redigir um relatório acerca das atividades acima mencionadas, que será transmitido à Secretaria de Economia, com cópia para o Conselho de Administração e a Secretaria de Estado;
d) o Revisor participa das reuniões do Conselho de Administração, quando os assuntos tratados requerem a sua presença, sem direito de voto.

TÍTULO III
ADMINISTRAÇÃO DOS BENS

Artigo 14 — 1. A Fundação tem a capacidade jurídica de adquirir, conservar, gerir e alienar bens temporais, segundo as normas canônicas e as do Estado da Cidade do Vaticano, e é responsável pela gestão dos ditos bens.

2. Ao contrário, a Fundação não tem capacidade jurídica nem competência para supervisionar a atividade administrativa das direções nacionais. Isto diz respeito tanto aos bens que já estão na posse de tais direções quanto aos bens que venham a ser adquiridos depois da entrada em vigor deste Estatuto. Tal capacidade jurídica corresponde a cada direção, segundo as normas aplicáveis nos respectivos países, e na dependência das respectivas autoridades canônicas locais.

3. Os Diretores ou Coordenadores nacionais ou regionais estão sujeitos ao ordenamento jurídico do país para o qual tenham sido nomeados em tudo o que diga respeito à administração e disposição de ativos e à responsabilidade jurídica pela referida administração e disposição; tendo em conta a forma jurídica que a Obra Pontifícia assume nesse país, como pessoa jurídica (associação, fundação etc.), ou sem personalidade jurídica.

4. A Fundação não tem nenhum poder de supervisão nem capacidade jurídica sobre as diferentes direções nacionais em matéria patrimonial e econômico-financeira. Os seus ativos estão completamente separados das direções individuais. As informações sobre a atividade administrativa das direções nacionais, sejam os orçamentos, sejam as contas finais, não estão sujeitas ao exame do Conselho de Administração da Fundação Vaticana, nem fazem parte do orçamento da mesma.

TÍTULO IV
NORMAS FINAIS

Artigo 15 — A organização da missão da Rede Mundial de Oração do Papa, incluindo suas orientações a nível internacional e nacional, é especificada no **Regulamento Geral** aprovado pelo Conselho de Administração, sob proposta do Diretor Internacional, e sujeito à autorização do Superior Geral da Companhia de Jesus. Isto aplica-se também ao Movimento Eucarístico Jovem, como parte integrante da mesma Rede de Oração.

Artigo 16 — As alterações a estes Estatutos são ordenadas pela Secretaria de Estado, sob proposta do Conselho de Administração e tendo o parecer favorável do Superior Geral da Companhia de Jesus.

Artigo 17 — Em caso de extinção da Fundação por qualquer causa, os bens que constituem o patrimônio, (concluída a fase de liquidação), são destinados por indicação do Sumo Pontífice para fins análogos aos da Fundação.

Artigo 18 — Quanto a tudo aquilo que não está expressamente previsto ou disciplinado no presente Estatuto, observam-se as normas do Código de Direito Canônico e as leis do Estado da Cidade do Vaticano.

Encomendamos estes novos Estatutos aos nossos padroeiros, São Francisco Xavier e Santa Teresinha do Menino Jesus.

Cidade do Vaticano, 1º de julho de 2024.

Indulgências concedidas pela Santa Sé ao Apostolado da Oração

A Constituição Apostólica do Papa Paulo VI "Indulgentiarum Doctrina", datada de 1º de janeiro de 1967, determinava que as associações fizessem uma revisão das indulgências a elas concedidas, para se acomodarem à nova lei.

A Santa Sé, com um Decreto da Sagrada Penitenciaria, datado de 19 de fevereiro de 1968, concede aos membros do Apostolado da Oração as seguintes indulgências:

1. Indulgências Plenárias

1. No dia da Inscrição no AO;
2. No dia da Consagração ao Sagrado Coração;

3. Na festa de S. Francisco Xavier, padroeiro principal do AO (3 de dezembro);
4. Na festa do Sagrado Coração de Jesus;
5. Na festa de Cristo Rei;
6. Na festa da Imaculada Conceição (8 de dezembro);
7. Na festa de S. Pedro e S. Paulo (29 de junho);
8. No dia da renovação anual da consagração ao Sagrado Coração.

2. Condições para se ganhar estas Indulgências

a. Confissão sacramental;
b. Comunhão sacramental;
c. Rezar um Pai-Nosso e uma Ave-Maria, diante do Santíssimo Sacramento, pelas intenções do Papa;
d. Fazer ou renovar, mesmo em particular, a promessa de guardar fielmente os Estatutos do AO.

* A Indulgência é um presente da Igreja, Mãe e Mestra, para sanar as consequências de nossas culpas. Ela substitui os prejuízos que causamos aos outros e que não somos capazes de compensar. Por exemplo: a difamação ou calúnia, cujos efeitos muito dificilmente podem ser reparados.

Rito de acolhida e consagração dos membros do Apostolado da Oração

1. Acolhida e Consagração

Na acolhida e consagração dos novos membros do Apostolado da Oração, recomendamos aos diretores diocesanos e locais:

1º Em geral, a acolhida e consagração seja feita na Igreja, Capela, ou diante do altar do Coração de Jesus.

2º As fitas, certificados e manuais são colocados numa bandeja próximo ao Altar, diante do qual os novos membros estão reunidos.

3º O Diretor, convida para rezar o "Vinde, Espírito Santo" ou cantar:

Senhor e Criador que és nosso Deus
Vem inspirar estes filhos teus

Em nossos corações derrama tua paz
E um povo renovado ao mundo mostrarás

Sentimos que tu és a nossa luz
Fonte do amor, fogo abrasador
Por isso é que ao rezar em nome de Jesus

Pedimos nesta hora os dons do teu amor
Se temos algum bem, virtude ou dom
não vem de nós, vem do teu favor
Pois que sem ti ninguém
Ninguém pode ser bom
Só tu podes criar a vida interior

Infunde, pois agora em todos nós
Que como irmãos vamos refletir
A luz do teu saber e a força do querer
A fim de que possamos juntos construir

E juntos cantaremos sem cessar
Cantos de amor para te exaltar
És Pai, és Filho e és Espírito de paz

Por isso em nossa mente
Tu sempre reinarás. Amém, aleluia!

4º Em seguida dirá algumas palavras apropriadas à ocasião e procederá a bênção das fitas, certificados e manuais.

Bênção das fitas, manual e certificado

V. A nossa proteção está no nome do Senhor.
R. Que fez o céu e a terra.

V. O Senhor esteja convosco.
R. Ele está no meio de nós.

OREMOS — Deus eterno e todo-poderoso, não reprovais a escultura ou pintura de imagens dos Santos, para que, à sua vista, possamos meditar os seus exemplos e imitar as suas virtudes. Nós vos pedimos que abençoeis e santifiqueis estes objetos, feitos para recordar e honrar o Sacratíssimo Coração de vosso Filho Unigênito. Concedei a todos os que os trouxerem alcancem no presente a vossa graça e no futuro a glória eterna. Por Cristo, Nosso Senhor.
R. Amém!

Se forem muitos, bastará pronunciar uma vez as fórmulas para a entrega dos objetos.
O diretor asperge com água benta os objetos e entrega a cada um, dizendo:

Recebam esta fita e tragam-na sobre o coração, para que vocês se lembrem continuamente do amor com que o Coração do vosso Deus vos abençoou, e da dedicação que abraçastes.

Entregando o Manual do Apostolado dirá:

Recebam este livro que contém não só as instruções doutrinais do Apostolado da Oração, mas também as regras práticas que vocês irão observar no cumprimento dos vossos deveres.

Em seguida, entrega a cada membro o Certificado dizendo:

Receba este certificado em virtude do qual vocês, de agora em diante, serão membros do Apostolado da Oração e fiéis devotos do Sagrado Coração de Jesus.

2. Ato de Consagração ao Sagrado Coração de Jesus

Querido Jesus, fonte inesgotável de amor, Pai das misericórdias e Deus de toda a consolação.

Eu N ...... agradeço por tantos benefícios, que tendes feito a nós, especialmente em reconhecimento pelo dom da Eucaristia, e em reparação das ofensas, com que vosso Sagrado Coração tem sido ofendido.

Em união com o divino Apostolado que exerceis sem cessar nos nossos Sacrários, nós nos dedicamos inteiramente a vosso Coração e a ele consagramos todos os bens que nos destes.

Prometemos propagar o Apostolado da Oração quanto nos for possível.

Além disso, escolhemos a Bem-Aventurada Virgem Maria, como Mãe querida, e prometemos propagar, quanto pudermos, o culto ao seu Imaculado Coração. Amém!

O Diretor dá a bênção, dizendo:

Senhor Jesus, dignai-vos receber sob a bandeira do vosso divino Coração estas pessoas que desejam dedicar-se à defesa dos vossos interesses, a serviço da vossa maior glória. Em nome do Pai e do Filho e do Espírito Santo. Amém!

Bênção da Bandeira ou Estandarte

V. A nossa proteção está no nome do Senhor.
R. Que fez o céu e a terra.
V. O Senhor esteja convosco.
R. Ele está no meio de nós.

OREMOS — Senhor Jesus Cristo, abençoai esta Bandeira (ou Estandarte) para que todos os que combatemos por Vós, mereçamos neste mundo sermos livres de nossos inimigos visíveis e invisíveis e, depois da vitória, triunfar nos céus. Vós, que viveis e reinais para sempre.
R. Amém!

Asperge-se com água benta.

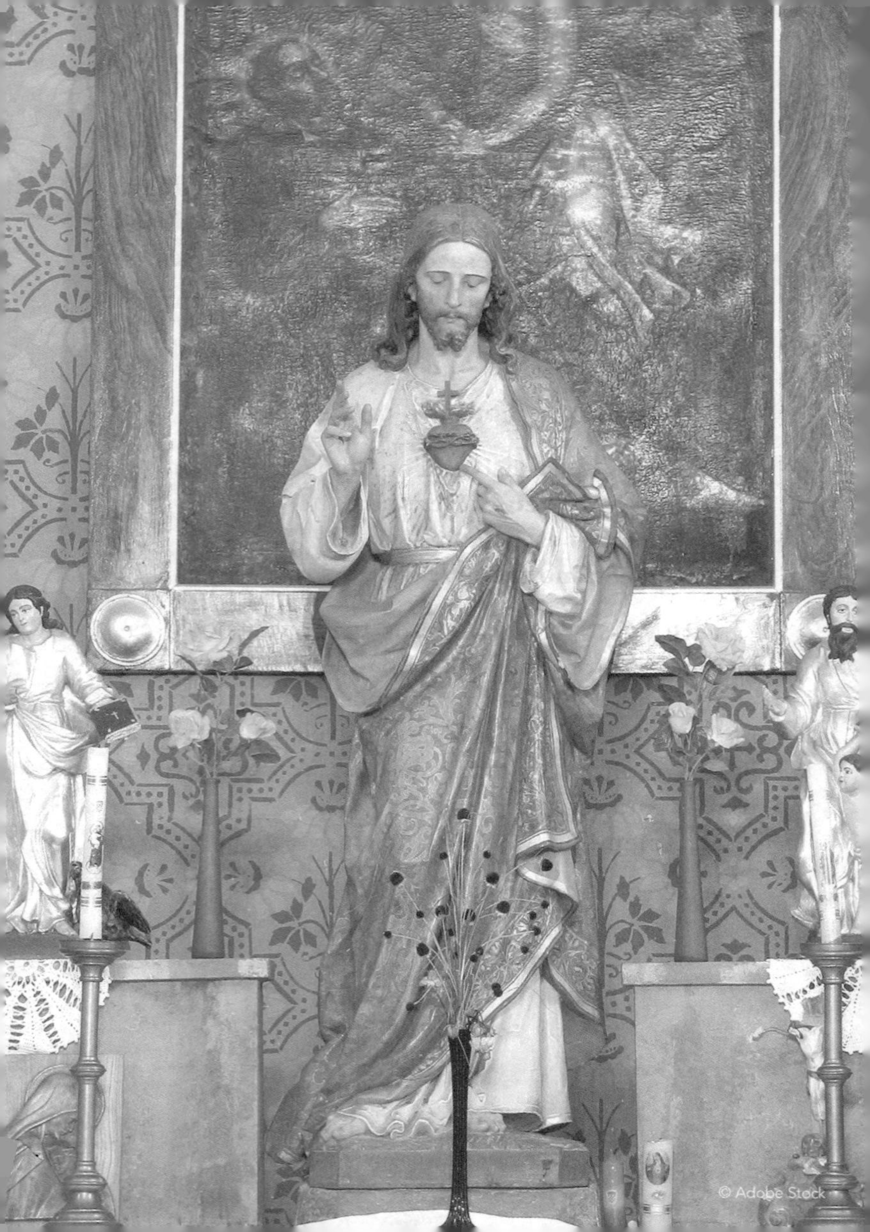
© Adobe Stock

Rito de admissão ao Movimento Eucarístico Jovem (MEJ)

Iniciar cantando ou rezando: "A nós descei, Divina Luz" ou "Vinde, Espírito Santo".

Bênção litúrgica dos objetos: manual, fita, bandeira

V. A nossa proteção está no nome do Senhor.
R. Que fez o céu e a terra.
V. O Senhor esteja convosco!
R. Ele está no meio de nós.

Oração

Deus Eterno e todo-poderoso, não reprovais a escultura ou a pintura de imagens dos Santos, para que, à sua vista, possamos meditar seus exemplos e imitar suas virtudes. Nós vos pedimos que abençoeis e santifiqueis estes instrumentos de devoção (manual, fita, bandeira), sinais da entrada destes adolescentes/jovens ao Movimento Eucarístico Jovem, feitos para recordar e honrar Vosso Filho e Nosso Senhor, Jesus Cristo. Concedei a todos que, levando-os, desejarem venerar e glorificar o Vosso Filho Amado que, por seus méritos e intercessão, alcancem no presente a Vossa graça e no futuro a glória eterna. Por Cristo, Nosso Senhor.

Amém!

(Aspergem-se os objetos com água benta.)

Recepção dos adolescentes/jovens

(Os adolescentes/jovens deverão ficar em pé.)

Dirigente: Em nome de Jesus Cristo, nosso Divino Salvador, e de Nossa Senhora, estes adolescentes/jovens foram convidados e querem ser recebidos no Movimento Eucarístico Jovem, assumindo assim sua responsabilidade apostólica diante de toda a Comunidade.

(Chamam-se os adolescentes/jovens pelo nome, um a um, para que se aproximem do Altar. Sendo muitos, poderão ficar em seus lugares, nos bancos reservados da igreja.)

Sacerdote: Meus queridos adolescentes/jovens, vocês desejam corresponder ao amoroso convite de Cristo, cumprindo fielmente as obrigações do Movimento Eucarístico Jovem: oferecimento diário de vossas vidas, revisão do coração, rezar pela intenção de oração do Papa, cuidar da devoção ao Sagrado Coração de Jesus, atentos aos três pilares — Evangelho, Eucaristia e Missão — e participando das reuniões deste Movimento?

Adolescentes/jovens: Sim, desejo de todo o coração.

Sacerdote: Prometem obedecer sempre aos vossos coordenadores e superiores, na vivência da missão no MEJ, de modo especial ao vosso Bispo e ao Santo Padre, o Papa?

Adolescentes/jovens: Sim, prometo.

Sacerdote: E aonde vão exercer sua missão?

Adolescentes/jovens: Em toda parte, onde houver necessitados para ajudar a salvar.

Sacerdote: Além das orações, comunhões, sacrifícios, conhecem outros meios para atrair mais pessoas para o reino de Cristo?

Adolescentes/jovens: Sim. Nossas palavras e, mais ainda, nosso bom testemunho deverão atrair muitos amigos para Nosso Senhor.

Sacerdote: De modo especial, a quem devem dedicar vossa missão?

Adolescentes/jovens: À nossa família, a todos em geral e particularmente aos companheiros do Movimento Eucarístico Jovem.

Entrega dos objetos

(O Padre, juntamente com os coordenadores, faz a entrega dos objetos: fita, cruz, broche, bandeira. Enquanto isso, entoa-se um canto: "A barca..." ou "Coração Santo...". Os adolescentes/jovens são convidados a se ajoelhar, voltados para o presbitério ou para o Altar.)

Sacerdote: Considerando o ardente desejo que vocês demonstram em dedicar-se à missão no Movimento Eucarístico Jovem, eu vos convido a fazer vossa consagração.

Consagração

Amado Jesus, aqui prostrado diante do Vosso altar, eu vos prometo de todo o coração ajudar-Vos na missão redentora pela qual derramastes Vosso precioso Sangue, principalmente junto às crianças, adolescentes e jovens. Quero ajudar-Vos a salvá-las com o oferecimento de mim mesmo, minhas orações, comunhões, sacrifícios, palavras e bons exemplos. Quero a todo custo que Vosso Divino Coração

reine em nossas vidas, nossas famílias, no Brasil e no mundo inteiro. Peço a Maria Santíssima alcançar-me a graça de cumprir fielmente esta minha promessa.
Amém!

Sacerdote: Meus queridos adolescentes/jovens, Cristo Rei e sua Igreja muito esperam de vocês. Por isso, é com alegria e contentamento que vos recebo no Movimento Eucarístico Jovem. Que Cristo, nosso Divino Salvador, abençoe e confirme vossas promessas.

(Aspergem-se com água benta os adolescentes/ jovens admitidos — madrinhas e padrinhos, se houver —, enquanto se canta:)

**Coração Santo, Tu reinarás!
Tu, nosso encanto, sempre serás!**

Jesus amável, Jesus piedoso,
Deus amoroso, fonte de amor!
Aos teus pés venho, se Tu me deixas,
sentidas queixas, humilde expor.

Arquivo

Rito para a Entronização e Consagração das famílias

No dia marcado com antecedência, à hora determinada, e presente, sendo possível, um sacerdote, reúne-se a família, no local onde a imagem deve ser benzida. O sacerdote explica brevemente o que é a consagração da família ao Sagrado Coração e as novas obrigações que então se assumem.

Bênção da imagem ou do quadro

V. A nossa proteção está no nome do Senhor.
R. Que fez o céu e a terra.
V. O Senhor esteja convosco.
R. Ele está no meio de nós.

OREMOS — Deus eterno e todo-poderoso, não reprovais a escultura ou pintura de imagens dos santos, para que à sua vista possamos meditar os seus exemplos e imitar as suas virtudes. Nós vos pedimos que abençoeis e santifiqueis esta imagem, feita para recordar e honrar o Sacratíssimo Coração de vosso Filho, Nosso Senhor Jesus Cristo. Concedei a todos os que diante dela desejarem venerar e glorificar o Coração de Jesus, que, por seus merecimentos e intercessão, alcancem no presente a vossa graça e, no futuro, a glória eterna. Por Cristo, Nosso Senhor.

R. Amém.

O sacerdote asperge a imagem com água benta e todos os presentes recitam em voz alta o Credo.

Se um sacerdote não puder participar da Entronização, a bênção da imagem deve ser feita antes.

Procissão

Do lugar onde aconteceu a bênção até o local onde vai ser entronizada, levem com cânticos a imagem do Sagrado Coração, conduzida por uma pessoa da família.

Em seguida, o sacerdote diz:

Súplica

Amado Jesus, dignai-vos, em companhia de Vossa Mãe dulcíssima, visitar esta morada, enchendo seus habitantes com as graças prometidas às famílias que de modo especial se consagram ao vosso Sagrado Coração.

Vós mesmo, em revelação à Santa Margarida Maria, solicitastes ao mundo inteiro a homenagem de amor ao vosso Coração, que tanto nos amou, e sendo tão pouco amado por nós.

Esta família, aceitando o vosso convite, em desagravo pelo abandono e apostasia de tantas pessoas, quer vos proclamar amável e soberano, e vos oferece as alegrias e tristezas, as dores e trabalhos, o presente e o futuro deste lar, inteiramente vosso, hoje e sempre.

Abençoai todos os presentes e também os ausentes, firmando nesta família o domínio da vossa caridade. Infundi em cada um dos seus moradores o espírito de fé, de esperança e caridade. Fazei que estas pessoas só a Vós pertençam.

Abri-lhes, Senhor, a chaga do vosso Coração, e guardai, até a vida eterna, estes que são vossos hoje e sempre. Amém!

Pelos falecidos e ausentes reza-se um Pai-Nosso e uma Ave-Maria.

Entronização

Uma pessoa da família toma a imagem, coloca-a no lugar preparado.

Ato de Consagração

Sagrado Coração de Jesus, que manifestastes a Santa Margarida Maria o desejo de reinar sobre as famílias cristãs, queremos, hoje, proclamar vossa realeza. Queremos viver, de hoje em diante, da vossa vida. Queremos que floresçam entre nós as virtudes que prometestes. Queremos afastar de nós o espírito mundano, que vós reprovastes.

Dignai-vos, Coração divino, presidir os nossos encontros, abençoar as nossas atividades espirituais e temporais, afastar de nós as angústias, santificar as nossas alegrias e aliviar as nossas dores.

E, quando chegar a hora da morte de um de nós, que todos estejamos confiantes em vosso Coração. Nós nos consolaremos com a lembrança de que chegará um dia, em que toda a família, reunida no céu, possa cantar, para sempre, as vossas maravilhas. Amém.

O sacerdote reza então:

OREMOS — Ó Deus que no Coração do vosso Filho, ferido por nossos pecados, nos concedestes infinitos tesouros de amor, fazei que lhe ofereçamos uma justa reparação, consagrando-lhe toda a nossa vida. Por Cristo, Nosso Senhor.
R. Amém!

Se for entronizada também a imagem do Coração de Maria, pode-se rezar o seguinte ato de consagração:

Ato de Consagração ao Imaculado Coração de Maria

Santíssima Virgem Maria, Mãe da Igreja e da família cristã, Rainha do Céu e refúgio dos pecadores, nós nos consagramos ao Vosso Coração Imaculado. E para que esta consagração seja verdadeira e sincera, nós renovamos hoje, diante de Vós, as promessas do nosso Batismo.

Nós nos comprometemos a proclamar corajosamente nossa Fé, e viver como católicos em comunhão com nosso Papa e nossos Bispos, obedientes à Santíssima Trindade.

Enfim, nós vos prometemos colocar nossos corações a serviço do vosso culto, para fazer crescer, pelo Reino de Vosso Imaculado Coração, o Reino do Coração de vosso Filho. Amém!

Salve-Rainha...

Sagrado Coração de Jesus, tende piedade de nós.
Coração Imaculado de Maria, rogai por nós.
Bondoso Coração de São José, rogai por nós.
Santa Margarida Maria, rogai por nós.
São Cláudio, rogai por nós.

Bênção final

A bênção de Deus todo-poderoso Pai, Filho e Espírito Santo, desça sobre vocês e permaneça para sempre. Amém!

Pode-se concluir com algum canto em honra ao Coração de Jesus ou a Nossa Senhora.

Consagração da Família ao Coração de Jesus

Sagrado Coração de Jesus, aqui está nossa família decidida a se consagrar inteiramente a vós. Nós vos consagramos tudo o que somos e que temos. Nós vos consagramos também o final de nossas vidas nesta terra. Fazei, Senhor Jesus, que nossa família seja digna do vosso Sagrado Coração. Fazei que cada um de nós se santifique no cumprimento de nossos deveres. Dai-nos permanecer fiéis à vivência da fé e, se houver algum de nós afastado, que seja reconduzido por Vós ao caminho certo. Enfim, Sagrado Coração, fazei que, aconteça o que acontecer, guardemos sempre total confiança em Vós e estejamos certos de vosso amor nas provações. Amém!

Um roteiro de reunião mensal

Vinde, Espírito Santo, enchei os corações dos vossos fiéis e acendei neles o fogo do vosso amor.

Enviai o vosso Espírito e tudo será criado, e renovareis a face da terra.

OREMOS — Ó Deus, que instruístes os corações dos vossos fiéis com a luz do Espírito Santo, fazei que apreciemos retamente todas as coisas e gozemos sempre de sua consolação. Por Cristo Nosso Senhor.
R. Amém!

— Pode-se cantar "A nós descei" e rezar o Oferecimento do Dia, Pai-Nosso, Ave-Maria e Glória ao Pai.
— Todos sentados, lê-se um breve texto da Bíblia, seguido de um tempo de meditação, depois, cada pessoa destacará alguma palavra que lhe tenha tocado particularmente.

— Pode-se usar as sugestões de Reunião Mensal da revista Mensageiro e também os comentários das Intenções do Papa na revista ou nos Bilhetes Mensais.
— Conforme o costume, o secretário poderá ler a ata da reunião anterior e o tesoureiro fornece o movimento financeiro do mês.
— Depois, pode-se partilhar com simplicidade as iniciativas (testemunhos de fé, visita aos doentes, rosário, obras de caridade e de misericórdia, visita ao Santíssimo etc.).
— Procurem conhecer e viver com particular cuidado as recomendações do Papa, dos Bispos e do Pároco, sobre as missões, vocações, catequese, liturgia etc.
— Ao Diretor local devem ser apresentadas as decisões tomadas nas reuniões, quando ele não as presidir.
— A reunião é um espaço para acolher novos membros, lembrar os falecidos, comunicar ou convidar para a consagração de famílias, tratar de novas assinaturas da Revista Mensageiro e dos Bilhetes Mensais, e outros assuntos.
— Se o Diretor estiver presente, a ele compete presidir a reunião.
— As reuniões sejam feitas na semana mais conveniente de cada mês, a fim de que os membros

recebam os Bilhetes Mensais a tempo de poderem distribuí-los.
— É conveniente também haver um livro, onde o secretário ou a secretária escreva as atas de cada reunião, para conservar a memória do grupo, registrando apenas os acontecimentos mais importantes e as resoluções. Pode ser anotado também algum fato particular para a glória do Sagrado Coração.

Arquivo

Orações da manhã

Em nome do Pai e do Filho e do Espírito Santo. Amém!

Bendito sejais, meu Deus, porque ainda me conservais a vida. Fazei, Senhor, que seja só para Vos amar e servir.

Glória Vos seja dada, ó Santíssima Trindade, por mim e por todas as criaturas, agora e sempre. Amém.

Bendito e louvado seja o Santíssimo Sacramento do Altar.

Bendita e louvada seja a Imaculada Conceição da sempre Virgem Maria. Amém!

Atos de fé, esperança e caridade

Meu Deus, creio em vós, e em tudo o que revelastes, porque sois a suma verdade.

Espero em vós, porque sois infinitamente misericordioso.

Amo-vos, porque sois infinitamente bom e amável; e por amor de vós quero amar o meu próximo como a mim mesmo.

Consagração a Nossa Senhora

Ó minha Senhora e minha Mãe, eu me ofereço todo a vós e, em prova da minha devoção para convosco, vos consagro neste dia meus olhos, meus ouvidos, minha boca, meu coração e todo o meu ser; e porque assim sou vosso, ó incomparável Mãe, guardai-me e defendei-me como filho(a) e propriedade vossa. Amém!

Lembrai-vos da Virgem Maria

Lembrai-vos, ó piíssima Virgem Maria, que nunca se ouviu dizer que algum daqueles que tenha recorrido à vossa proteção, implorado a vossa assistência e reclamado o vosso socorro, fosse por vós desamparado.

Animado eu, pois, com igual confiança, a vós, Virgem Maria, recorro porque sois minha a Mãe. De vós me valho e, gemendo sob o peso de meus pecados, me prostro a vossos pés.

Não desprezeis as minhas súplicas, ó Mãe do Filho de Deus feito carne, mas dignai-vos de as ouvir bondosamente, e de me alcançar o que vos peço. Amém!

Lembrai-vos de São José

Lembrai-vos, São José, esposo da Virgem Maria, que jamais se ouviu dizer que alguém tivesse invocado vossa proteção, implorado vosso socorro e não fosse por vós atendido.

Com esta confiança, venho à vossa presença; a vós com fervor me recomendo. Não desprezeis as minhas súplicas, mas dignai-vos de acolhê-las bondosamente. Amém!

Santo Anjo do Senhor

Santo Anjo do Senhor, meu zeloso guardador, já que a ti me confiou a piedade divina, sempre me rege, me guarda, me governa, me ilumina. Amém!

O Anjo do Senhor (Angelus)

V. O anjo do Senhor anunciou a Maria
R. E ela concebeu do Espírito Santo. Ave-maria...
V. Eis aqui a serva do Senhor.
R. Faça-se em mim segundo a vossa palavra. Ave-maria...
V. E o Verbo se fez carne.
R. E habitou entre nós. Ave-maria...
V. Rogai por nós, Santa Mãe de Deus.
R. Para que sejamos dignos das promessas de Cristo.

OREMOS — Infundi, Senhor, em nossos corações a vossa graça, a fim de que, conhecendo pela anunciação do Anjo a encarnação de Jesus Cristo, vosso Filho, cheguemos por sua paixão e morte à glória da ressurreição. Por Cristo Nosso Senhor.

R. Amém!

NO TEMPO PASCAL (começando do Domingo de Páscoa até o sábado da SS. Trindade)

V. Rainha do céu, alegrai-vos. Aleluia.
R. Porque Aquele que merecestes trazer em vosso puríssimo seio. Aleluia.
V. Ressuscitou como disse. Aleluia.
R. Rogai por nós a Deus. Aleluia.
V. Exultai e alegrai-vos, ó Virgem Maria. Aleluia.
R. Porque o Senhor ressuscitou verdadeiramente. Aleluia.

OREMOS — Ó Deus, que vos dignastes alegrar o mundo com a ressurreição de Vosso Filho Jesus Cristo, Senhor Nosso, concedei-nos que, pela intercessão de vossa Mãe, a Virgem Maria, alcancemos as alegrias da vida eterna. Por Cristo, nosso Senhor.

R. Amém!

Orações da noite

Pelo sinal da santa Cruz, livrai-nos Deus, Nosso Senhor, dos nossos inimigos. Em nome do Pai, do Filho e do Espírito Santo. Amém.

Meu Deus, meu Pai e Criador. Eu vos adoro e reverencio de todo o meu coração. Dou-vos infinitas graças por me terdes criado, feito cristão e conservado neste dia.

Creio em vós, porque sois a mesma verdade. Espero em vós, porque sois fiel às vossas promessas. Amo-vos de todo o meu coração, porque sois infinitamente bom e amável. E quero amar ao meu próximo como a mim mesmo, por amor de vós.

Exame de consciência: pensamentos, palavras, obras e omissões...

Ato de contrição: Senhor, meu Jesus Cristo, Deus e homem verdadeiro, Criador e Redentor meu, por serdes Vós quem sois, sumamente bom e digno de ser amado sobre todas as coisas, pesa-me, Senhor, de todo o meu coração, vos ter ofendido. Proponho firmemente, ajudado por vossa graça, emendar-me e nunca mais vos ofender. Espero alcançar o perdão das minhas culpas, pela vossa infinita misericórdia. Amém.

Súplicas

Dignai-vos, Senhor, conservar-me esta noite sem pecado; abençoai o meu descanso a fim de reparar as forças para vos servir melhor e com fervor.

Corações santíssimos de Jesus e Maria, entrego-vos nesta noite a minha alma e o meu corpo, para que em vós repousem tranquilamente.

Ó Virgem Santíssima, Mãe de Deus e Mãe nossa também socorrei-me em todas as minhas necessidades, e livrai-me de todo mal.

Bondoso São José, rogai por nós.

Jesus, Maria e José, minha alma vossa é.

Jesus, Maria José, assisti-me na minha última hora.

Oração pelos falecidos

Pai santo, cuja misericórdia jamais invocamos em vão, acolhei vossos filhos e filhas, que partiram desta vida.

Que eles possam participar da comunhão dos Santos!

Por Cristo, nosso Senhor. Amém!

V. Dai-lhes, Senhor, o repouso eterno,
R. E brilhe para eles a vossa luz.
V. Descansem em paz.
R. Amém.

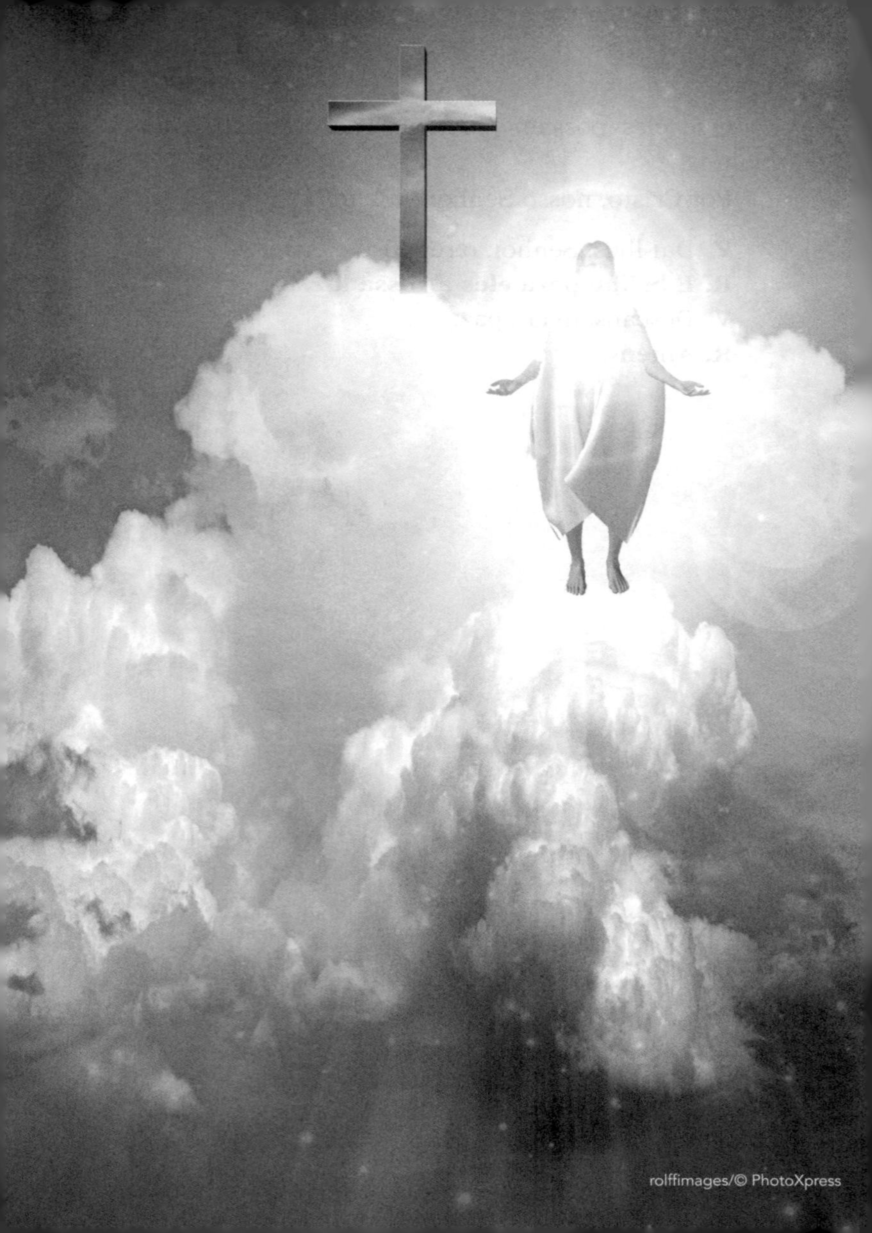

rolffimages/© PhotoXpress

Orações diversas

Oração de Santa Margarida Maria para antes ou depois da missa

Eterno Pai, eu vos ofereço as infinitas satisfações que Jesus deu à vossa justiça pelos pecadores, no lenho da cruz, e vos rogo que torneis eficaz o merecimento de seu precioso Sangue para todas as pessoas que tenham cometido crimes, ressuscitando-as espiritualmente. Eterno Pai, eu vos ofereço os ardores do Divino Coração de Jesus, para satisfazer pela frieza e covardia de vosso povo escolhido, pedindo-vos pelo ardente amor que o levou a sofrer a morte, vos digneis aquecer os corações indiferentes e abrasá-los do vosso amor, a fim de que eles vos amem eternamente. Eterno Pai, eu vos ofereço a submissão de Jesus à vossa vontade, pedindo-vos pelos seus merecimentos a consumação de todas as vossas graças e o cumprimento de todas as vossas santas vontades. Louvado seja Deus. Amém!

Oração de Santo Inácio de Loyola

Tomai, Senhor, e recebei toda a minha liberdade, a minha memória, o meu entendimento e toda a minha vontade. Tudo o que tenho e possuo, vós me destes com amor. Todos os dons que me destes, com gratidão vos devolvo. Disponde deles, Senhor, segundo a vossa vontade. Dai-me somente o vosso amor, a vossa graça. Isso me basta, nada mais quero pedir. Amém!

Oração a Jesus crucificado
(São Boaventura, ofm)

Eis-me aqui, ó bom e dulcíssimo Jesus!

Me coloco reverente em vossa presença e vos suplico com todo o fervor de minha alma que vos digneis gravar no meu coração os mais vivos sentimentos de fé, esperança e caridade, verdadeiro arrependimento de meus pecados e firme propósito de emenda, enquanto vou considerando, com vivo afeto e dor, as vossas cinco chagas, tendo diante dos olhos aquilo que o profeta Davi já vos fazia dizer, ó Bom Jesus:

"Transpassaram minhas mãos e meus pés, e contaram todos os meus ossos".

Alma de Cristo

Alma de Cristo, santificai-me.
Corpo de Cristo, salvai-me.
Sangue de Cristo, inebriai-me.
Água do lado de Cristo, lavai-me.
Paixão de Cristo, confortai-me.
Ó bom Jesus, ouvi-me.
Dentro de vossas chagas, escondei-me.
Não permitais que me separe de vós.
Do espírito maligno, defendei-me.
Na hora da morte, chamai-me
e mandai-me ir para vós,
para que com vossos Santos vos louve,
por todos os séculos dos séculos. Amém!

Oração a Nossa Senhora
para depois da Comunhão Eucarística

Ó Santa Virgem Maria,
eis que recebi o vosso amado Filho,
que concebestes em vosso seio imaculado e
 destes à luz,
amamentastes e estreitastes com ternura em
 vossos braços.
Eis que humildemente e com todo o amor
vos apresento e ofereço de novo
aquele mesmo cuja face vos alegrava e
 enchia de delícias,

para que, tomando-o em vossos braços
e amando-o de todo coração,
o apresenteis à Santíssima Trindade
em supremo culto de adoração,
para vossa honra e glória,
por minhas necessidades
e pelas de todo o mundo.
Peço-vos pois, ó Mãe compassiva,
que imploreis a Deus
o perdão de meus pecados,
graças abundantes para servi-lo mais fielmente
e a perseverança final,
para que convosco possa louvá-lo para sempre.
Amém!

Oração ao Espírito Santo
(Paulo VI)

Ó Espírito Santo, dai-me um coração grande, aberto à vossa silenciosa e forte palavra inspiradora; fechado a todas as ambições mesquinhas; alheio a qualquer desprezível competição humana; compenetrado do sentido da Santa Igreja. Um coração grande, desejoso de se tornar semelhante ao Coração do Senhor Jesus. Um coração grande e forte para amar a todos, servir a todos, sofrer por todos. Um coração grande e forte para superar todas as provações, todo o desânimo, todo o cansaço, toda a desilusão, toda a ofensa. Um coração grande, forte e perseverante até o sacrifício, quando for necessário. Um coração, cuja felicidade é palpitar com o Coração de Cristo e cumprir humilde, fiel e corajosamente a Vontade Divina. Amém!

Oração ao Coração de Jesus pelas vocações

Senhor Jesus, que quisestes que do vosso lado transpassado pela lança brotasse o sacramento da Igreja, concedei-lhe o dom de muitas e santas vocações. Conservai na fidelidade de vosso amor os que chamastes e tornai-os incansáveis na construção de vosso Reino. Coração de Jesus, dai-nos vosso amor para merecer de Deus a graça de numerosas vocações sacerdotais, religiosas e de pais e mães de família. Coração de Jesus, que na cruz nos redimistes, atraí-nos para vós, a fim de que sigamos uma vida de entrega generosa aos irmãos. Amém!

Oração pelas vocações
(Paulo VI)

Senhor, pelo Batismo, vós nos chamastes à santidade e à cooperação generosa na salvação do mundo. Na messe que é grande, auxiliai-nos a corresponder à nossa missão de membros do Povo de Deus. Qualquer que seja o chamado, que cada um de nós seja verdadeiramente outro Cristo no meio da humanidade. Ó Senhor, por intercessão de Maria, Mãe da Igreja, concedei-nos o dom misericordioso de muitas e santas vocações sacerdotais, religiosas, missionárias e leigas de que a Igreja necessita. Amém!

Oração pelas vocações sacerdotais
(Paulo VI)

Ó Jesus, divino Pastor, que chamastes os Apóstolos para fazer deles pescadores de homens, atraí a vós jovens de corações generosos, para torná-los vossos seguidores e vossos ministros. Fazei com que eles participem de vossa sede de Redenção universal, pela qual renovais sobre os altares o vosso sacrifício. Vós, ó Senhor, "sempre vivo a interceder por nós" (Hb 7,25), abri para eles os horizontes do mundo inteiro, onde a silenciosa súplica de tantos irmãos pede luz de verdade e calor de amor, a fim de que, respondendo ao vosso chamamento, continuem aqui na terra a vossa missão, edifiquem a Igreja, vosso Corpo Místico, e sejam "sal da terra" e "luz do mundo" (Mt 5,13).

Oração do Abandono
(São Carlos de Foucauld)

Meu Pai, a vós me abandono. Fazei de mim o que quiserdes. O que de mim fizerdes, eu vos agradeço.

Estou pronto para tudo, aceito tudo, contanto que a vossa vontade se faça em mim e em todas as vossas criaturas, não quero outra coisa, meu Deus. Entrego a minha vida em vossas mãos, eu a dou, meu Deus, com todo o amor do meu coração, porque eu vos amo e é para mim uma necessidade de amor dar-me, entregar-me em vossas mãos sem medida, com infinita confiança de que sois o meu Pai. Amém!

Oração a Santa Rosa de Lima

Santa Rosa, padroeira dos povos da América Latina, nós vos louvamos de todo o coração. Animastes a Santa Igreja de Deus, pela vossa pureza, paciência e amor ao Santíssimo Sacramento. Por vossa intercessão alcançai-nos perseverar na pureza do coração, de tudo sofrer por amor a Jesus, e de receber com carinho e respeito a Santa Comunhão. Rogai por nós, Santa Rosa, para que Jesus esteja sempre conosco na vida, na morte e na eternidade. Amém!

Oração a Santa Teresinha do Menino Jesus

Ó Santa Teresinha, sois exemplo de simplicidade e de humildade e sempre vos colocastes nas mãos do Pai. Intercedei por nós, para que compreendamos o vosso pequeno caminho, que leva ao Céu. E assim, vencendo o egoísmo e o orgulho, possamos construir um mundo melhor e conquistemos os povos para o Reino de Cristo, reino de amor, justiça e paz. Fazei com que a humanidade compreenda a mensagem do Evangelho e seja atraída a viver o ideal cristão do amor com espírito de desapego e doação. Santa Teresinha do Menino Jesus, padroeira das missões e do Apostolado da Oração, com São Francisco Xavier, rogai por nós e protegei os missionários. Amém!

Oração a São Vicente de Paulo

São Vicente de Paulo, padroeiro das associações de caridade e pai de todos os desvalidos, vede a multidão de males pelos quais está passando a humanidade de nosso tempo! Alcançai do Senhor socorro para os pobres, alívio para os enfermos, consolação para os aflitos, proteção para os desamparados, abertura de coração dos ricos, conversão dos pecadores, zelo para os sacerdotes e paz para a Igreja. Pela vossa intercessão e seguindo o vosso exemplo de total desapego das coisas desse mundo e de amor aos irmãos, saibamos trabalhar pelo bem da nossa sociedade, ajudando as pessoas a chegar ao conhecimento e ao amor a Deus. Amém!

Oração em honra de Santa Rita

Ó Deus poderoso e fiel, distinguistes a vossa grande serva, Santa Rita, com muitas graças e favores. Fizestes dela mãe, esposa, viúva e religiosa exemplar. Concedei por sua intercessão que compreendamos os vossos caminhos e cheguemos à realização plena e perfeita da vossa vontade. Amém!

Oração a São Judas Tadeu

Glorioso Apóstolo e mártir São Judas Tadeu, parente de Jesus e de Maria, nós vos veneramos de todo coração. Louvamos e agradecemos a Deus pelas graças que Ele vos concedeu. Humildemente, diante de vós, nós vos pedimos que olheis por nós. Nosso Senhor vos deu o privilégio de nos socorrer nas situações mais desesperadas. Vinde em nosso auxílio, a fim de que exaltemos cada vez mais as misericórdias de Deus e a vossa poderosa intercessão. Amém!

Oração a Santa Luzia

Ó Santa Luzia, vossa vida foi iluminada pelo amor de Jesus Cristo. Vosso martírio foi um ato de fé e confiança no Divino Espírito. Fostes recompensada pelos prodígios com que Deus vos fez vencer vossos perseguidores, preservando vossa beleza e dignidade. Levada por vosso martírio à visão feliz, por nós, adorai, amai e glorificai a Santíssima Trindade, ensinando-nos a cultuar o Pai, o Filho e o Espírito Santo. Amém!

Oração a São Pedro

Glorioso São Pedro, cremos que fostes colocado como fundamento da Igreja, Servo dos Servos de Deus, depositário das chaves do Céu e Vigário de Cristo. Nós nos alegramos com vossa proteção. Nós vos pedimos, de todo coração, que nos conserveis unidos a vós e aos vossos sucessores, os Papas. Queremos viver e morrer, filhos da Santa Igreja, mãe e mestra. Amém!

Oração a São Paulo

São Paulo, Apóstolo das Nações, discípulo-missionário de Jesus Cristo, ensina-nos a acolher a Palavra de Deus. Abre nossos corações para que reconheçamos a verdade do Evangelho. Conduze-nos ao encontro com Jesus. Contagia-nos com a Fé que te animou. Alcança-nos a coragem e o ardor missionários, para testemunharmos a todos que Deus habita em todos os lugares, entre todos os povos. Intercede pela Igreja e por toda a Humanidade! Amém!

Oração em honra de São Luís Gonzaga

Deus, nosso Pai, damos graças pela vida de São Luís Gonzaga. Ele viveu buscando a vossa face, encontrou-vos servindo aos irmãos necessitados e vítimas da peste. Olhai, Senhor, para cada um de nós, perscrutai os nossos corações e as nossas mentes. Despertai em nosso íntimo o desejo de também vos buscar com sinceridade e abertura de espírito. Em vós reside o sentido de nossa existência, a superação de nós mesmos e a alegria de vos servir. Enchei os nossos corações da vossa alegria, da vossa esperança e da vossa paz. Dai-nos o dom do discernimento, para que, a exemplo de São Luís Gonzaga, possamos colocar em vós toda a nossa confiança. Amém!

Oração em honra de São Cláudio La Colombière

Senhor, nosso Pai, que falastes ao coração do vosso servo, São Cláudio La Colombière, para que desse testemunho do vosso imenso amor pela humanidade, fazei que os dons da graça iluminem e confortem a vossa Igreja nos caminhos da missão. Por Cristo, nosso Senhor. Amém!

Oração da Confiança
(São Cláudio La Colombière,
Festa 15 de fevereiro)

Meu Senhor e meu Deus, eu estou tão certo de que cuidas de todos os que esperam em Ti e que nada pode faltar àqueles que esperam tudo de Ti, que decidi, como norma, viver sem nenhuma preocupação e dirigir a Ti toda minha inquietude.

As pessoas podem despojar-me de todos os bens e mesmo da minha honra; as doenças podem privar-me das forças e dos meios para servir-te; com o pecado posso até perder a tua graça, mas não perderei nunca jamais a minha confiança em Ti, e a conservarei até ao extremo da minha vida, e o demônio, com todos os seus esforços, não conseguirá tirá-la de mim.

Que outros esperem a felicidade nas riquezas e nos seus talentos; que confiem mesmo na inocência de suas vidas, no rigor de suas penitências, na quantidade de suas boas obras ou no fervor de suas orações!

Para mim toda a minha confiança está na própria confiança que tenho; confiança que jamais enganou ninguém.

Eis porque tenho absoluta certeza de ser eternamente feliz, porque tenho a inabalável confiança de ser feliz e porque espero esta felicidade apenas de Ti.

Por minha triste experiência, devo infelizmente reconhecer ser fraco e inconstante. Sei o quanto as tentações podem abalar as virtudes mais firmes. E, no entanto, enquanto eu conservar essa firme confiança em Ti, nada poderá me assustar. Eu me recuperarei de qualquer desgraça e vou continuar a esperar, porque espero com imutável esperança.

Enfim, meu Deus, estou intimamente persuadido de que não será jamais exagerada a confiança em Ti. Confio que aquilo que eu receber de Ti, será sempre muito mais do que aquilo que eu tiver esperado.

Espero também, Senhor, que Tu me sustentarás nas minhas fraquezas e nas tentações mais violentas.

Tenho muita confiança que Tu me amarás sempre e que também eu, por minha vez, te amarei para sempre.

E para levar ao mais alto grau esta minha confiança, ó meu Criador, eu espero em Ti mesmo, agora e sempre. Amém.

Oração a São José de Anchieta

São José de Anchieta, apóstolo do Brasil, poeta da Virgem Maria, intercede por nós, hoje e sempre. Dá-nos a disponibilidade de servir a Jesus como tu o serviste nos mais pobres e necessitados. Protege-nos de todos os males do corpo e da alma. E, se for vontade de Deus, alcança-nos a graça que agora te pedimos (pede-se a graça) São José de Anchieta, rogai por nós! Amém.

Oração a Santo Antônio

Glorioso Santo Antônio, honramos e veneramos as vossas heroicas virtudes e admirável santidade. Pedimos humildemente que nos alcanceis de Jesus, a firme resolução de vos seguir na imitação de Cristo. Rogamos também que nos obtenhais do Senhor remédio para nossas necessidades corporais e espirituais. Esperamos, com plena confiança, que jamais deixareis de nos assistir com vossa poderosa proteção. Amém.

Oração a Santa Dulce dos Pobres

Senhor nosso Deus, lembrados de vossa filha, a santa Dulce dos Pobres, cujo coração ardia de amor por vós e pelos irmãos, particularmente os pobres e excluídos, nós vos pedimos: dai-nos idêntico amor pelos necessitados; renovai nossa fé e nossa esperança e concedei-nos, a exemplo desta vossa filha, viver como irmãos, buscando diariamente a santidade, para sermos autênticos discípulos missionários de vosso filho Jesus. Amém.

Hora Santa

DIRIG. — Rezar é comunicar-se com Deus. Acreditar no valor, na força e na eficácia da oração é uma graça. Estamos aqui rezando, refletindo, agradecendo. Num clima de paz. Desta paz humano-divina que nasce da oração. Reafirmando o nosso amor a Cristo, façamos o nosso Oferecimento:

TODOS — Deus, nosso Pai, eu te ofereço todo o dia de hoje...

DIRIG. — Em cada linha ou página do Evangelho, encontramos recados preciosos de Jesus. Ouçamos Cristo, quando fala do grão de mostarda.

LEITOR 1 — "O Reino de Deus é como um grão de mostarda, a menor semente da terra. Mas, quando semeado, ele cresce e lança grandes ramos, a tal ponto que as aves do céu se abrigam à sua sombra" (Mt 13,31-32).

LEITOR 2 — Cristo nasceu criança. Cresceu, desenvolveu-se, iniciou sua vida pública, falou às multidões, realizou milagres, revelou o Amor do Pai e morreu na cruz, por cada um de nós. E, hoje, a sua Igreja é uma grande "árvore" espalhando luz, fé, esperança, misericórdia e bondade por sobre o mundo inteiro.

LEITOR 3 — Nós somos Igreja, Senhor. Membros da Tua Igreja, da nossa Igreja. Ajuda-nos, Senhor, a crescer na fé, na esperança, no amor cristão. Que a nossa fé, concretizada em obras, alimente nossa vida de trabalho, nosso apostolado, nossa oração.

TODOS — Aumenta, Senhor, a nossa fé.

DIRIG. — Deus, que é Amor, sempre desejou que a fraternidade irmanasse todas as criaturas da terra. Cristo colocou o mandamento da caridade como alicerce do seu Evangelho.

TODOS — Ajuda-nos, Senhor, a viver o mandamento da caridade.

LEITOR 1 — A vivência da fraternidade é o sinal do verdadeiro cristão. O mistério da redenção se concretiza em nossas almas, em nossa vida, quando a verdadeira fraternidade nos irmana, nos une, nos aproxima. Oxalá pudessem dizer todos aqueles que nos olham e observam: "Vede como eles se amam".

DIRIG. — Esta é uma das invocações, que já rezamos tantas vezes: "Coração de Jesus, Rei e centro de todos os corações, tende piedade de nós". Cristo é o Rei e centro dos nossos corações. Como apóstolos, queremos levar Jesus Cristo aos nossos irmãos. Como apóstolos, rezamos e trabalhamos, para que outras pessoas se abram ao amor de Cristo. Bendigamos a Deus, que é a vida e a salvação do seu povo, e nos convida a sermos seus amigos. Invoquemos o Senhor, com alegria e gratidão, rezando:

TODOS — Senhor, dá-nos um coração justo e generoso.

LEITOR 2 — Para que saibamos amar os outros, nas dimensões do Coração de Jesus Cristo, nós vos pedimos.

TODOS — Senhor, dá-nos um coração justo e generoso.

LEITOR 3 — Para que diminuam, no mundo, as injustiças, o ódio, a inimizade, as vinganças e os homens se amem, como irmãos, nós vos pedimos.

TODOS — Senhor, dá-nos um coração justo e generoso.

LEITOR 1 — Para que a Igreja seja sinal do amor do Pai, aqui na terra, nós vos pedimos.

TODOS — Senhor, dá-nos um coração justo e generoso.

LEITOR 2 — Para que o Evangelho penetre profundamente na vida de cada um de nós, frutificando harmonia, unidade, concórdia e paz, nós vos pedimos.

TODOS — Senhor, dá-nos um coração justo e generoso.

DIRIG. — A devoção ao Sagrado Coração de Jesus e a recepção da Eucaristia são uma garantia de Vida, de Graças, de Santidade. Agradecemos tudo isso, cantando alegremente:

TODOS — "Coração Santo, Tu reinarás"...

LEITOR 3 — Da fonte brota água. Da fonte de vida eterna, que é Jesus Cristo, brota luz, verdade, graça, amor, alegria, esperança, santidade. Viver em Cristo, com Cristo e por Cristo, é viver em comunhão com o Pai, com o Espírito Santo.

LEITOR 1 — Da fonte brota água. Da fonte de vida eterna, que é Jesus Cristo, nasce a santidade. Vida e santidade que nos tornam agradáveis a Deus, profundamente amados por Ele. Vida e santidade que pedem nossa cooperação com a graça. Vida e santidade que devem crescer em nós.

LEITOR 2 — Jesus, em seu infinito amor, nos oferece os meios para crescermos nesta vida divina. Nos oferece condições para reconquistar a vida divina, se por acaso a perdemos por meio do pecado.

LEITOR 3 — A generosidade de Deus é sempre maior que a nossa fraqueza. Jesus nos dá a sua palavra de vida (Jo 6,63), nos dá o Pão da vida (Jo 6,51), nos dá o seu Espírito que é Vida (Jo 4,14), nos oferece o seu perdão que transmite a vida (Jo 20,22). Os sacramentos, sempre à nossa disposição, são os misteriosos canais ligando o céu e a terra, trazendo a graça divina até nós.

DIRIG. — Maria Santíssima é a Mãe da Igreja e Rainha dos Apóstolos. Que Ela nos ajude a cumprirmos sempre a vontade de Deus, em nossas vidas. Em tuas mãos, Senhor, colocamos nosso Apostolado, as alegrias e sofrimentos, nosso presente e nosso futuro, toda a nossa existência, sob as bênçãos de Maria, Mãe da Igreja e nossa Mãe. Obrigado, Deus Pai, Deus Filho e Deus Espírito Santo. Somos peregrinos no tempo a caminho da Eternidade.

V. Louvado seja nosso Senhor, Jesus Cristo!
R. Para sempre seja louvado!

Vanessa Fonseca

Hora Santa
As doze promessas

DIRIG. — **1ª Promessa**: "Darei aos meus devotos as graças necessárias para cumprirem os deveres de seu estado".

LEITOR — Esta é considerada a 1ª promessa de Jesus a Santa Margarida Maria. Quem pratica a verdadeira devoção ao Coração de Jesus pode ter certeza de que receberá as graças necessárias para cumprir fielmente sua missão, seja ela qual for.

TODOS — Sagrado Coração de Jesus, dai-nos a graça que mais necessitamos, para cumprirmos os nossos deveres, enfrentarmos os desafios de cada dia e sairmos todos os dias em missão.

CANTO — Dai-me a graça, Coração de Jesus (2x)

Eu confio nas promessas do Senhor. Dai-me a graça, Coração de Jesus.

DIRIG. — **2ª Promessa**: "Farei reinar a paz em suas famílias".

LEITOR — A 2ª promessa do Sagrado Coração de Jesus a Santa Margarida Maria aparece em frases como esta: "Ele reunirá as famílias divididas, protegerá e assistirá os que se encontrarem em alguma dificuldade, se lhe pedirem com confiança".

TODOS — Sagrado Coração de Jesus que nascestes na família de Nazaré e vivestes em harmonia com Maria e com José, nós vos pedimos a paz para todos os lares. Que neles não haja ódio, inveja ou divisão, mas que em tudo o perdão vença!

CANTO — Dai-me a paz, Coração de Jesus (2x).

Eu confio nas promessas do Senhor. Dai-me a paz, Coração de Jesus.

DIRIG. — **3ª Promessa**: "Eu os consolarei em todas as suas aflições".

LEITOR — Quem de nós não tem suas aflições, seus cansaços, suas desilusões, suas doenças e seus problemas?

Tudo isso, às vezes, parece pesado demais, é preciso confiar e dizer:

TODOS — Sagrado Coração de Jesus, precisamos de um ombro amigo, do vosso colo de

Bom Pastor. Mestre amigo, Deus ternura, queremos repousar em vosso Coração.

CANTO — Confortai-me, Coração de Jesus (2x).

Eu confio nas promessas do Senhor, confortai-me, Coração de Jesus.

DIRIG. — **4ª Promessa**: "Serei seu refúgio seguro, durante a vida, e, sobretudo, na hora da morte".

LEITOR — Jesus mesmo contou que o Bom Pastor vai e encontra a ovelha perdida, depois a leva a um refúgio seguro, cura as suas feridas, alimenta-a e sacia a sua sede, segura-a em seus braços e ela fica feliz. Como é bom, Jesus, saber que temos um refúgio no colo de Deus.

TODOS — Sagrado Coração de Jesus, aberto pela lança no alto da Cruz, aberto para todos aqueles que buscam um refúgio seguro. Sabemos que vosso Coração continua aberto para todos. Queremos entrar, ó Jesus, e nos sentirmos acolhidos por vossa bondade, misericórdia e amor, em cada dia de nossas vidas.

CANTO — Dai refúgio, Coração de Jesus (2x).

Eu confio nas promessas do Senhor. Dai refúgio, Coração de Jesus.

DIRIG. — **5ª Promessa**: "Derramarei abundantes bênçãos sobre os seus empreendimentos".

LEITOR — Nesta 5ª promessa, o Coração de Jesus promete abençoar os seus devotos. Bênção é uma palavra que indica a ação de bendizer. Bênção é dizer o bem. Ser devoto do Coração de Jesus, fazer parte do Apostolado da Oração é outra grande bênção.

TODOS — Sagrado Coração de Jesus, que passastes pelo mundo fazendo o bem, hoje nós vos pedimos ânimo, fortaleza, confiança, bênção. Obrigado por todas as graças recebidas ao longo da caminhada. A vós elevamos nosso louvor, Coração bendito do Senhor!

CANTO — Dai-me a bênção, Coração de Jesus (2x).

Eu confio nas promessas do Senhor. Dai-me a bênção, Coração de Jesus.

DIRIG. — **6ª Promessa**: "Os pecadores acharão em meu Coração a fonte e o oceano de misericórdia".

LEITOR — Deus é Pai, por isso é misericordioso. Todo aquele que tiver misericórdia do irmão, também provará a misericórdia de Deus. O Coração de Jesus é um lugar onde existe espaço para todos nós, precisamos do seu colo seguro.

TODOS — Sagrado Coração de Jesus, rico em misericórdia, generoso no perdão, olhai para nós e para nossos irmãos que sofrem em tan-

tas situações difíceis. Dai-nos a sensibilidade do vosso Coração!

CANTO — Misericórdia, Coração de Jesus (2x).

Eu confio nas promessas do Senhor. Misericórdia, Coração de Jesus.

DIRIG. — **7ª Promessa**: "As almas tíbias se tornarão fervorosas".

LEITOR — Tibieza! O que esta palavra significa está muito presente entre nós. É uma frieza espiritual, uma falta de motivação mais profunda, um desinteresse pelas coisas do alto. Tibieza é economizar o sorriso, um abraço, é não se alegrar com o sucesso do irmão, enfim: é cultivar o amargor e a indiferença.

TODOS — Sagrado Coração de Jesus, livrai-me da tibieza, da frieza espiritual. Dai-nos sentir aqui na terra o sabor das coisas do Céu. Mesmo nas horas do fracasso, da tristeza e do desânimo, livrai-nos da falta de zelo no vosso serviço e ensinai-nos a sentir a força do amor, na hora da alegria e do sofrimento. Amém.

CANTO — Dai-me o fervor, Coração de Jesus (2x).

Eu confio nas promessas do Senhor. Dai-me o fervor, Coração de Jesus.

DIRIG. — **8ª Promessa**: "As almas fervorosas elevar-se-ão rapidamente a uma grande perfeição".

LEITOR — Nesta promessa, o Coração de Jesus dá um passo a mais, prometendo aos fervorosos a perfeição. A perfeição de Deus é a misericórdia e a santidade. O Apóstolo João resumiu assim: Deus é Amor! Portanto, ser perfeito é ser santo e misericordioso, é deixar transparecer em nós a imagem e a semelhança de Deus.

TODOS — Sagrado Coração de Jesus, do vosso peito aberto pela lança brotou a água da vida, o Espírito Santo santificador. Hoje vos pedimos este eterno dom de amor que nos santifica.

CANTO — Levai-me à perfeição, Coração de Jesus (2x).

Eu confio em Nosso Senhor. Levai-me à perfeição Coração de Jesus.

DIRIG. — **9ª Promessa**: "Abençoarei as casas em que se achar exposta e for venerada a imagem do meu Coração".

LEITOR — No Brasil, esta promessa é levada muito a sério. É impressionante perceber como a imagem do Coração de Jesus está presente em todos os lugares. São Igrejas, Santuários, Colégios, Oratórios e Hospitais dedicados ao Coração de Jesus. Contudo, o que realmente chama a atenção é a presença da imagem do Sagrado Coração de Jesus em muitos lares, colocada com a entronização em um lugar de destaque e ali ser respeitada pela família.

TODOS — Sagrado Coração de Jesus, entronizado em nossos lares, nós vos acolhemos, também, em nossos corações. Que a vossa imagem seja uma lembrança permanente de que fomos criados à imagem e à semelhança de Deus.

CANTO — Vossa imagem, Coração de Jesus (2x).

Eu confio nas promessas do Senhor. Vossa imagem, Coração de Jesus.

DIRIG. — **10ª Promessa**: "Darei aos sacerdotes o dom de tocar os corações mais endurecidos".

LEITOR — Cristo Mestre, hoje eu vos peço a benção para todos os sacerdotes. Nosso mundo precisa de profetas, de gente que anuncie o amor. Vossas palavras tinham a força de tocar os corações mais endurecidos.

TODOS — Sagrado Coração de Jesus, que nossa boca fale daquilo que nosso coração está cheio. Se estivermos repletos do vosso amor, já não

seremos nós que falamos, mas vós que estais em nós. Ajudai-nos a consagrar as pessoas que amamos ao vosso Sagrado Coração. Olhai os nossos sacerdotes e conservai-os na missão.

CANTO — Dai-me a unção, Coração de Jesus (2x).

Eu confio nas promessas do Senhor. Dai-me a unção, Coração de Jesus.

DIRIG. — **11ª Promessa**: "As pessoas que propagarem esta devoção terão seus nomes escritos para sempre no meu Coração e jamais serão apagados".

LEITOR — O Coração de Jesus nos ama com afeto de esposo apaixonado. Sabemos que o nosso nome está gravado em seu Coração. Este é o selo de nossa aliança. Como membro do Apostolado da Oração entreguei meu coração inteiramente a Deus. Será que o nome dele também permanece gravado em nossos corações?

TODOS — Sagrado Coração de Jesus, é maravilhoso sabermos que nossos nomes estão gravados no vosso Coração. Há momentos em que chegamos a pensar que todos se esqueceram de nós. Há momentos de dolorosa solidão. Queremos estar convosco em adoração, sabemos que estais conosco e nos convidais a escrevermos juntos a história da salvação.

CANTO — Gravai meu nome em vosso Santo Coração (2x).

Eu confio nas promessas do Senhor. Gravai meu nome em vosso Santo Coração.

DIRIG. — **12ª Promessa**: "O amor todo poderoso do meu Coração concederá a graça da perseverança final a todos os que comungarem na 1ª sexta-feira do mês, por nove meses seguidos".

LEITOR — A 12ª promessa é também conhecida como a grande promessa. É a última desta coleção, revelada a Santa Margarida Maria. Ao longo de seu caminho, Jesus prometeu vida em plenitude, o pão que alimenta a alma, a água viva, a cura do corpo e do coração, a justiça e o perdão. A graça que Jesus acaba de nos prometer é muito grande. Os devotos do Sagrado Coração de Jesus tem essa garantia, não morrerão sem o auxílio divino.

TODOS — Sagrado Coração de Jesus, o que nos pedes são nove meses de intensa vida eucarística. Será mais bonito ainda se, em cada primeira sexta-feira, quando recebermos a Eucaristia, tivermos um gesto solidário com algum irmão menos favorecido. Dai-nos a graça de

perseverarmos sempre nesta devoção e nunca desanimarmos. Mesmo que soprem ventos contrários, confiaremos na vida plena por Vós prometida.

CANTO — Dai-me a vida, Coração de Jesus (2x).

Eu confio nas promessas de Jesus. Dai-me a vida, Coração de Jesus.

Doze promessas do Sagrado Coração de Jesus

Feitas em favor dos seus devotos, a Santa Margarida Maria

1ª Darei aos meus devotos as graças necessárias para cumprirem os deveres de seu estado.

2ª Farei reinar a paz em suas famílias.

3ª Eu os consolarei em todas as suas aflições.

4ª Serei o seu refúgio seguro durante a vida e, sobretudo, na hora da morte.

5ª Derramarei abundantes bênçãos sobre os seus empreendimentos.

6ª Os pecadores acharão, em meu Coração, a fonte e o oceano infinito de misericórdia.

7ª As almas tíbias se tornarão fervorosas.

8ª   As almas fervorosas vão se elevar rapidamente a uma grande perfeição.

9ª   Abençoarei a casa em que se achar exposta e for venerada a imagem do meu Coração.

10ª Darei aos sacerdotes o dom de tocar os corações mais endurecidos.

11ª As pessoas que propagarem esta devoção terão seus nomes escritos para sempre no meu Coração e jamais serão apagados.

12ª O amor todo-poderoso do meu Coração concederá a graça da perseverança final a todos os que comungarem na 1ª sexta-feira do mês, por nove meses seguidos.

Missa da Solenidade do Sagrado Coração de Jesus

Antífona da entrada: Sl 32,11.19

Eis os pensamentos do seu coração, que permanecem ao longo das gerações: libertar da morte todos os homens e conservar-lhes a vida em tempo de penúria.

Oração

Concedei, ó Deus todo-poderoso, que, alegrando-nos pela solenidade do Coração do vosso Filho, meditemos as maravilhas de seu amor e possamos receber, desta fonte de vida, uma torrente de graças. Por nosso Senhor Jesus Cristo, vosso Filho, na unidade do Espírito Santo. Amém!

Ou: Ó Deus, que, no Coração de vosso Filho, ferido por nossos pecados, nos concedestes infinitos tesouros de amor, fazei que lhe ofereçamos uma justa reparação, consagrando-lhe toda a nossa vida. Por nosso Senhor Jesus Cristo, vosso Filho, na unidade do Espírito Santo. Amém!

I. LITURGIA DA PALAVRA

Primeira leitura (Os 11,1.3-4.8c-9)

Leitura do livro do Profeta Oséias.

Assim diz o Senhor: "Quando Israel era criança, eu já o amava, e desde o Egito chamei meu filho. Ensinei Efraim a dar os primeiros passos, tomei-o em meus braços, mas eles não reconheceram que eu cuidava deles. Eu os atraía com laços de humanidade, com laços de amor; era para eles como quem leva uma criança ao colo, e rebaixa-me a dar-lhes de comer. Meu coração comove-se no íntimo e arde de compaixão. Não darei largas à minha ira, não voltarei a destruir Efraim, eu sou Deus, e não homem; o santo no meio de vós, e não me servirei do terror.

Salmo de meditação (Is 12(13),2-3.4-6)

R. Com alegria bebereis do manancial da salvação.

* Eis o Deus, meu salvador, eu confio e nada temo; o Senhor é minha força, meu louvor e salvação. Com alegria bebereis no manancial da salvação.

* E direis naquele dia: "Dai louvores ao Senhor, invocai seu santo nome, anunciai suas maravilhas, entre os povos proclamai que seu nome é o mais sublime.

* Louvai cantando ao nosso Deus, que fez prodígios e portentos, publicai em toda a terra suas grandes maravilhas! Exultai cantando alegres, habitantes de Sião, porque é grande em vosso meio o Deus Santo de Israel."

Segunda leitura (Ef 3,8-12.14-19)

Leitura da Carta de São Paulo aos Efésios.

Irmãos: Eu, que sou o último de todos os santos, recebi esta graça de anunciar aos pagãos a insondável riqueza de Cristo e de mostrar a todos como Deus realiza o mistério desde sempre escondido nele, o criador do universo. Assim, doravante, as autoridades e poderes nos céus conhecem graças à Igreja, a multiforme sabedoria de Deus, de acordo com o desígnio eterno que ele executou em Jesus Cristo, nosso Senhor. Em Cristo nós temos, pela fé nele, a liberdade de nos aproximarmos de Deus com toda confiança. É por isso que dobro os joelhos diante do Pai, de quem toda e qualquer família recebe seu nome, no céu e na terra. Que ele vos conceda, segundo a riqueza de sua glória, serdes robustecidos, por seu Espírito, quanto ao homem interior, que ele faça habitar, pela fé, Cristo em vossos corações, que estejais enraizados e fundados no amor. Tereis assim a capacidade de compreender, com todos os santos, qual a largura, o comprimento, a altura, a profundidade, e de conhecer o amor de Cristo que ultrapassa todo conhecimento, a fim de que sejais cumulados até receber toda a plenitude de Deus.

Aclamação do Evangelho

R. Aleluia, aleluia, aleluia!
Tomai sobre vós o meu jugo e aprendei de mim que sou manso e humilde de coração.

Evangelho (Jo 19,31-37)

Evangelho de Jesus Cristo segundo João.

Era o dia da preparação para a Páscoa. Os judeus queriam evitar que os corpos ficassem na cruz durante o sábado, porque aquele sábado era dia de festa solene. Então, pediram a Pilatos que mandasse quebrar as pernas aos crucificados e os tirasse da cruz. Os soldados foram e quebraram as pernas de um e depois do outro que foram crucificados com Jesus. Ao se aproximarem de Jesus, e vendo que já estava morto, não lhe quebraram as pernas; mas um soldado abriu-lhe o lado com uma lança, e logo saiu sangue e água. Aquele que viu dá testemunho, e seu testemunho é verdadeiro; e ele sabe que fala a verdade, para que vós também acrediteis. Isso aconteceu para que se cumprisse a Escritura, que diz: "Não quebrarão nenhum dos seus ossos". E outra Escritura ainda diz: "Olharão para aquele que traspassaram".

II. LITURGIA EUCARÍSTICA

Oração sobre as oferendas

Considerai, ó Deus, o indizível amor do Coração do vosso amado Filho, para que nossas oferendas vos agradem e sirvam de reparação por nossas faltas. Por Cristo, nosso Senhor. Amém!

Prefácio

Na verdade, é justo e necessário, é nosso dever e salvação dar-vos graças, sempre e em todo o lugar, Senhor, Pai santo, Deus eterno e todo-poderoso, por Cristo, Senhor nosso. Elevado na cruz, entregou-se por nós em seu imenso amor. E de seu lado aberto pela lança fez jorrar, com a água e o sangue, os sacramentos da Igreja para que todos, atraídos ao seu Coração, pudessem beber, com perene alegria, na fonte salvadora. Por essa razão, agora e sempre, nós nos unimos à multidão dos anjos e do santos...

Oração depois da comunhão

Ó Deus, que este sacramento da caridade nos inflame em vosso amor e, sempre voltados para o vosso Filho, aprendamos a reconhecê-lo em cada irmão. Por Cristo, nosso Senhor. Amém!

Outras leituras para a Solenidade do Sagrado Coração de Jesus

Dt 7,6-11
Sl 102(103)
1Jo 4,7-16
Mt 11,25-30
Ez 34,11-16
Sl 22(23)
Rm 5,5-11
Lc 15,3-7

Bênção do Santíssimo Sacramento

Tão sublime

Tão sublime Sacramento
Adoremos neste altar.
Pois o Antigo Testamento
Deu ao Novo o seu lugar.
Venha a fé, por suplemento,
Os sentidos completar.

Ao eterno Pai cantemos,
E a Jesus, o Salvador;
Ao Espírito exaltemos,
Na Trindade eterno amor:
Ao Deus Uno e Trino demos
A alegria do louvor. Amém.

V. Do céu lhes destes o pão (T. P. Aleluia).
R. Que contém todo sabor (T. P. Aleluia).

OREMOS — Senhor Jesus Cristo, que, neste admirável sacramento, nos deixastes o memorial de vossa paixão, concedei-nos a graça de venerar de tal modo os sagrados mistérios de vosso corpo e sangue, que possamos experimentar sempre em nós o fruto de vossa redenção. Vós que viveis e reinais com o Pai na unidade do Espírito Santo.
R. Amém.

Depois da bênção

Bendito seja Deus.
Bendito seja o seu Santo nome.
Bendito seja Jesus Cristo, verdadeiro Deus
   e verdadeiro homem.
Bendito seja o nome de Jesus.
Bendito seja o seu Sacratíssimo Coração.
Bendito seja seu preciosíssimo Sangue.
Bendito seja Jesus no Santíssimo Sacramento
   do Altar.
Bendito seja o Espírito Santo Paráclito.
Bendita seja a grande Mãe de Deus,
   Maria Santíssima.
Bendita seja a sua Santa e Imaculada Conceição.
Bendita seja sua gloriosa Assunção.
Bendito seja o nome de Maria, Virgem e Mãe.
Bendito seja São José, seu castíssimo esposo.
Bendito seja Deus nos seus Anjos e nos seus
   Santos.

Oração pela Pátria, pela Igreja e pelo Papa

Deus e Senhor nosso, / protegei a vossa Igreja, / dai-lhe Santos Pastores e dignos Ministros. / Derramai as vossas bênçãos / sobre o nosso Santo Padre, o Papa, / sobre o nosso Bispo, / sobre o nosso Pároco, / sobre todo o clero; / sobre o chefe da Nação e do Estado / e sobre todas as pessoas constituídas em dignidade / para que governem com justiça. / Dai ao povo brasileiro / paz constante / e prosperidade completa. / Favorecei, com os efeitos contínuos de vossa bondade, / o Brasil, / esta (arqui)diocese, / a paróquia em que habitamos, / a cada um de nós em particular / e a todas as pessoas / por quem somos obrigados a orar / ou que se recomendaram às nossas orações. / Tende misericórdia das almas dos fiéis / que padecem no purgatório; / dai-lhes, Senhor, / o descanso e a luz eterna.

Pai-Nosso, Ave-Maria e Glória ao Pai.

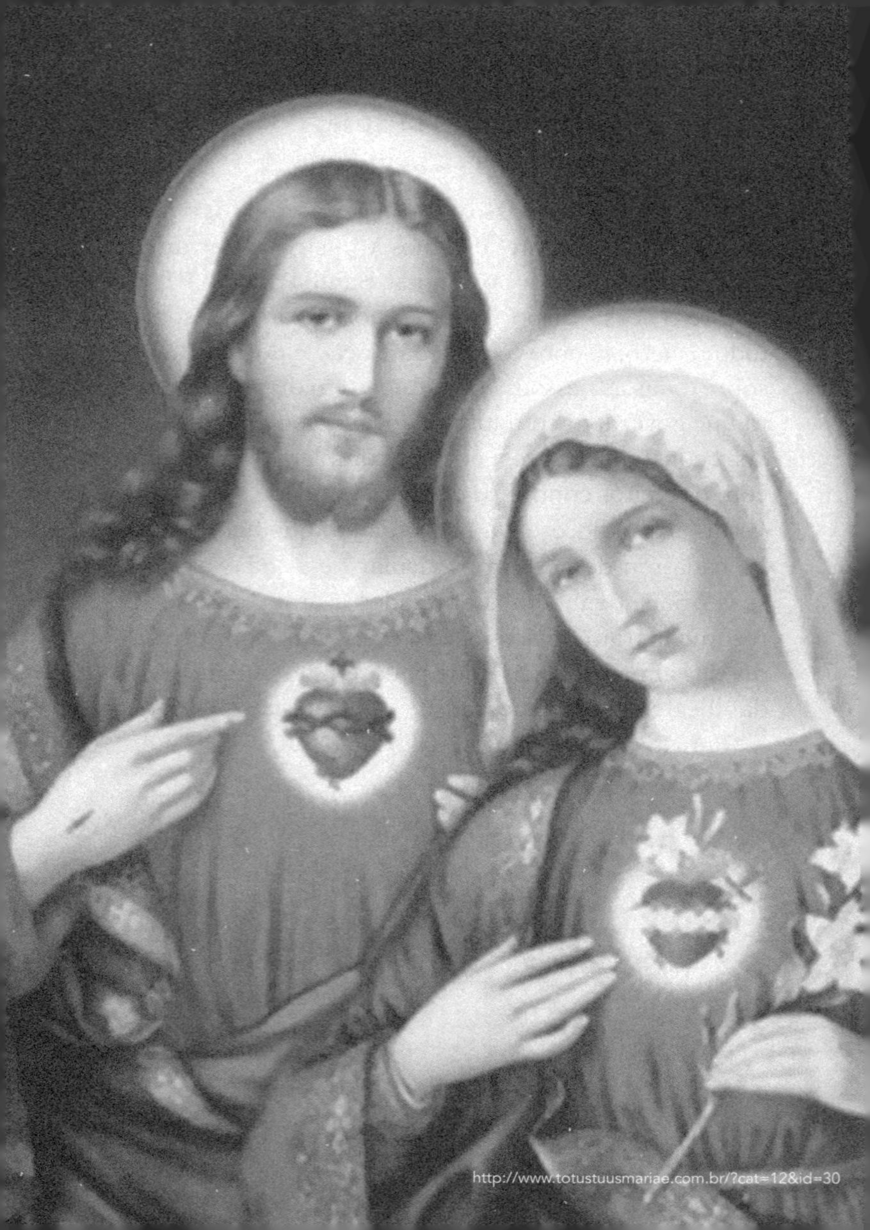

Ladainha do Sagrado Coração

Senhor, tende piedade de nós.
Jesus Cristo, tende piedade de nós.
Senhor, tende piedade de nós.
Jesus Cristo, ouvi-nos.
Jesus Cristo, atendei-nos.

Deus, Pai dos céus, tende piedade de nós.
Deus Filho, Redentor do mundo.
Deus Espírito Santo.
Santíssima Trindade que sois um só Deus.
Coração de Jesus, Filho do Pai Eterno.
Coração de Jesus, formado pelo Espírito Santo
    no seio da Virgem Mãe.
Coração de Jesus, unido substancialmente
    ao Verbo de Deus.
Coração de Jesus, de majestade infinita.

Coração de Jesus, templo santo de Deus.
Coração de Jesus, tabernáculo do Altíssimo.
Coração de Jesus, casa de Deus e porta do céu.
Coração de Jesus, fornalha ardente de caridade.
Coração de Jesus, receptáculo de justiça e de amor.
Coração de Jesus, cheio de bondade e de amor.
Coração de Jesus, abismo de todas as virtudes.
Coração de Jesus, digníssimo de todo o louvor.
Coração de Jesus, rei e centro de todos os corações.
Coração de Jesus, no qual estão os tesouros da sabedoria e da ciência.
Coração de Jesus, no qual habita toda a plenitude da divindade.
Coração de Jesus, no qual o Pai pôs as Suas complacências.
Coração de Jesus, de cuja plenitude todos nós recebemos.
Coração de Jesus, desejo das colinas eternas.
Coração de Jesus, paciente e de muita misericórdia.
Coração de Jesus, rico para todos os que Vos invocam.
Coração de Jesus, fonte de vida e de santidade.
Coração de Jesus, propiciação pelos nossos pecados.

Coração de Jesus, saturado de opróbrios.
Coração de Jesus, esmagado pelos nossos pecados.
Coração de Jesus, feito obediente até a morte.
Coração de Jesus, atravessado pela lança.
Coração de Jesus, fonte de toda a consolação.
Coração de Jesus, nossa vida e ressurreição.
Coração de Jesus, nossa paz e reconciliação.
Coração de Jesus, vítima dos pecadores.
Coração de Jesus, salvação dos que esperam em Vós.
Coração de Jesus, esperança dos que morrem em Vós.
Coração de Jesus, delícia de todos os santos.
Cordeiro de Deus, que tirais o pecado do mundo, perdoai-nos, Senhor.
Cordeiro de Deus, que tirais o pecado do mundo, ouvi-nos, Senhor.
Cordeiro de Deus, que tirais o pecado do mundo, tende piedade de nós.

V. Jesus, manso e humilde de coração.
R. Fazei nosso coração semelhante ao vosso.

OREMOS — Deus onipotente e eterno, olhai para o coração de vosso Filho muito amado e para os louvores e as satisfações que ele, em nome dos pecadores, vos dedica; e aos que imploram a vossa misericórdia concedei o perdão de seus pecados. Por vosso Filho Jesus Cristo, que convosco vive e reina na unidade do Espírito Santo.

R. Amém!

Ladainha do Preciosíssimo Sangue

Oferecimento: Eterno Pai, nós Vos oferecemos o Sangue precioso de Jesus Cristo em reparação dos nossos pecados, em sufrágio das pessoas falecidas, pelas necessidades da Santa Igreja e por todos os doentes.

Senhor, tende piedade de nós.
Cristo, tende piedade de nós.
Senhor, tende piedade de nós.

Jesus Cristo, *ouvi-nos*.
Jesus Cristo, *atendei-nos*.

Deus Pai dos céus, *tende piedade de nós*.
Deus Filho, redentor do mundo *tende piedade de nós*.
Deus Espírito Santo, *tende piedade de nós*.
Santíssima Trindade, que sois um só Deus, *tende piedade de nós*.

Sangue de Cristo, Sangue do Filho Unigênito do Eterno Pai, *salvai-nos*.

Sangue de Cristo, Sangue do Verbo de Deus encarnado, *salvai-nos*.

Sangue de Cristo, Sangue do Novo e Eterno Testamento, *salvai-nos*.

Sangue de Cristo, correndo pela terra na agonia, *salvai-nos*.

Sangue de Cristo, jorrando abundante na flagelação, *salvai-nos*.

Sangue de Cristo, gotejando na coroação de espinhos, *salvai-nos*.

Sangue de Cristo, derramado na cruz, *salvai-nos*.

Sangue de Cristo, preço da nossa salvação, *salvai-nos*.

Sangue de Cristo, sem o qual não pode haver redenção, *salvai-nos*.

Sangue de Cristo, que apagais a sede das almas e as purificais na Eucaristia, *salvai-nos*.

Sangue de Cristo, torrente de misericórdia, *salvai-nos*.

Sangue de Cristo, vencedor dos demônios, *salvai-nos*.

Sangue de Cristo, fortaleza dos mártires, *salvai-nos*.

Sangue de Cristo, virtude dos confessores, *salvai-nos*.

Sangue de Cristo, que suscitais almas virgens, *salvai-nos*.
Sangue de Cristo, força dos tentados, *salvai-nos*.
Sangue de Cristo, alívio dos que trabalham, *salvai-nos*.
Sangue de Cristo, consolação dos que choram, *salvai-nos*.
Sangue de Cristo, esperança dos penitentes, *salvai-nos*.
Sangue de Cristo, conforto dos moribundos, *salvai-nos*.
Sangue de Cristo, paz e doçura dos corações, *salvai-nos*.
Sangue de Cristo, penhor de eterna vida, *salvai-nos*.
Sangue de Cristo, que libertais as almas do Purgatório, *salvai-nos*.
Sangue de Cristo, digno de toda honra e glória, *salvai-nos*.

Cordeiro de Deus, que tirais o pecado do mundo, *perdoai-nos, Senhor*.
Cordeiro de Deus, que tirais o pecado do mundo, *ouvi-nos, Senhor*.
Cordeiro de Deus, que tirais o pecado do mundo, *tende piedade de nós, Senhor*.

V. Remistes-nos, Senhor com o Vosso Sangue.
R. E fizestes de nós um reino para o nosso Deus.

Ladainha do Preciosíssimo Sangue

OREMOS — Deus Eterno e cheio de misericórdia, que constituístes o Vosso Filho Jesus Cristo, redentor do mundo, que por nós derramou seu sangue no sofrimento e na cruz, concedei-nos a graça de venerar o preço da nossa salvação e de encontrar a defesa contra os males da vida presente, de tal modo que eternamente desfrutemos dos seus frutos no Céu. Por Cristo, nosso Senhor.

R. Amém!

Sete oferecimentos do Sangue de Cristo

1º Ofereço-vos, Eterno Pai, os merecimentos do preciosíssimo Sangue de Jesus, vosso amado Filho e meu Divino Redentor, para que a vossa Igreja cresça em número de filhos e seja reconhecida. E também rezamos por nosso Papa, Bispos, Padres e Ministros. Glória ao Pai e ao Filho e ao Espírito Santo. Como era no princípio agora e sempre. Amém! Bendito e louvado seja para sempre Jesus, que nos salvou com seu sangue.

2º Ofereço-vos, Eterno Pai, os merecimentos do preciosíssimo Sangue de Jesus, vosso amado Filho e meu Divino Redentor, pela paz e concórdia na Igreja e pela felicidade do povo cristão. Glória ao Pai. Bendito e louvado seja para sempre Jesus, que nos salvou com seu sangue.

3º Ofereço-vos, Eterno Pai, os merecimentos do preciosíssimo Sangue de Jesus, vosso amado Filho e meu Divino Redentor, para obter a volta dos filhos afastados, a unidade dos cristãos e a conversão dos pecadores. Glória ao Pai. Bendito e louvado seja para sempre Jesus, que nos salvou com seu sangue.

4º Ofereço-vos, Eterno Pai, os merecimentos do preciosíssimo Sangue de Jesus, vosso amado Filho e meu Divino Redentor, por todos os meus parentes, amigos e inimigos, pelos desvalidos, pelos enfermos e aflitos, e por todos aqueles por quem sabeis que devo pedir e quereis que peça. Glória ao Pai. Bendito e louvado seja para sempre Jesus, que nos salvou com seu sangue.

5º Ofereço-vos, Eterno Pai, os merecimentos do preciosíssimo Sangue de Jesus, vosso amado Filho e meu Divino Redentor, por todos os que passarem hoje à outra vida, a fim de que os livreis de toda condenação e os leveis à vossa glória. Glória ao Pai. Bendito e louvado seja para sempre Jesus, que nos salvou com seu sangue.

6º Ofereço-vos, Eterno Pai, os merecimentos do preciosíssimo Sangue de Jesus, vosso amado Filho e meu Divino Redentor, por todos os que valorizam tão imenso dom, e também por todos os que se unem para o honrar e adorar. Glória ao Pai. Bendito e louvado seja para sempre Jesus, que nos salvou com seu sangue.

7º Ofereço-vos, Eterno Pai, os merecimentos do preciosíssimo Sangue de Jesus, vosso amado Filho e meu Divino Redentor, por todas as minhas necessidades espirituais e temporais, em intenção dos fiéis defuntos e, em particular, dos falecidos de nossas famílias e do Apostolado da Oração. Glória ao Pai. Bendito e louvado seja para sempre Jesus, que nos salvou com seu sangue.

ego pri
sum mu
A ω t no

Ato de desagravo para a festa do Sagrado Coração, diante do Santíssimo exposto

Jesus amado, vossa infinita caridade para conosco é tantas vezes mal correspondida com esquecimentos e até desprezos. Aqui estamos diante do Santíssimo Sacramento, a fim de vos desagravarmos com nossas homenagens pelas insensatas e tristes ofensas com que vosso Coração é ferido em toda parte.

Reconhecemos, porém, com a mais profunda dor, que também nós, mais de uma vez, cometemos as mesmas indignidades. Em primeiro lugar, imploramos a vossa misericórdia, prontos a expiar não só as próprias culpas, mas também as daqueles que estão afastados do caminho da salvação que, não vos querendo como pastor e guia, sacudiram o suavíssimo jugo da vossa Lei de amor. Nós queremos hoje vos desagravar de todos esses crimes, de tantos laços de corrupção armados contra a inocência, da violação dos Domingos e dias santos, dos insultos ao vosso Vigário e a todo o vosso clero, do desprezo ao Sacramento.

Entretanto, para reparar a honra divina ultrajada, vos oferecemos, juntamente com os merecimentos da Virgem Mãe, de todos os Santos e pessoas piedosas, aquela infinita satisfação que Vós oferecestes ao Eterno Pai na cruz, e que não cessais de renovar todos os dias sobre nossos altares.

Ajudai-nos, Senhor, com a vossa graça, para que possamos viver a Fé, ter pureza dos costumes, seguir a lei da caridade evangélica, reparar os pecados cometidos por nós e por todos e atrair para o vosso serviço o maior número possível de pessoas.

Recebei, ó bondoso Jesus, pelas mãos de Maria Santíssima, a espontânea homenagem deste desagravo. Concedei-nos a graça de perseverarmos até a morte no vosso santo serviço. Assim chegaremos todos às moradas da Casa do Pai onde viveremos convosco, com o Pai e com o Espírito Santo agora e sempre. Amém.

Consagração ao Sagrado Coração de Jesus para a festa de Cristo Rei

Amado Jesus, Redentor do gênero humano, lançai sobre nós o vosso olhar de ternura e misericórdia. Nós somos e queremos ser vossos. Que possamos viver mais intimamente unidos a Vós! Por isso cada um de nós se consagra, nesta festa de Cristo Rei, ao vosso Sacratíssimo Coração.

Bom Jesus, muitos ainda não vos conhecem, outros desprezam os vossos mandamentos. Amado Jesus tende piedade de todos e trazei-os ao vosso Sagrado Coração.

Bom Jesus sede rei dos que estão iludidos e separados de vós. Trazei-os à verdade e à unidade da fé para que em breve haja um só rebanho e um só Pastor.

Senhor conservai firme a vossa Igreja. Dai-lhe uma liberdade segura. Concedei paz a todos os povos fazei que no mundo inteiro ressoe uma só voz: "Louvado seja o vosso Sagrado Coração!"; honra e glória a Ele por todos os séculos. Amém!

Jesus, Cristo Rei, misericórdia!
Amado Jesus sede para mim o meu Salvador!

Primeira Consagração ao Coração de Jesus composta por Santa Margarida

Eu me entrego e consagro ao Sagrado Coração de Nosso Senhor Jesus Cristo a minha pessoa, minha vida, minhas ações, sofrimentos e dores, não querendo servir-me de nada de mim, senão para O honrar, amar e glorificar.

É esta a minha vontade irrevogável: pertencer-lhe e fazer tudo por seu amor, renunciando completamente ao que não for do seu agrado.

Eu vos tomo, pois, ó Sagrado Coração, por único tesouro do meu amor, protetor de minha vida, segurança de minha salvação, remédio de minha fragilidade e inconstância, reparador de todos os meus defeitos e asilo seguro na hora da morte.

Sede, ó Coração de bondade, minha justificação para com Deus vosso Pai, e afastai de mim os castigos de sua justa cólera. Ó Coração de amor, ponho em Vós toda a minha confiança, pois tudo receio de minha fraqueza e malícia, mas tudo espero da vossa bondade.

Destruí em mim tudo o que vos possa desagradar ou resistir. Que o vosso puro amor se grave tão profundamente no meu coração, que eu não possa jamais esquecer-me nem separar-me de Vós!

Suplico-vos também, por vossa suma bondade, que o meu nome seja escrito em vosso Coração, pois eu quero pôr toda a minha felicidade e minha glória em viver e morrer convosco como vossa servidora. Amém!

Consagração de uma paróquia ou grupo ao Sagrado Coração de Jesus

Amado Jesus, quisestes revelar a imensa bondade do vosso Coração para consolar a Igreja, vossa Esposa, em suas aflições, e curar os males da sociedade. Dignai-vos acolher a nossa oferta, porque desejamos estar reunidos em redor do vosso Coração, símbolo do amor divino e sinal de salvação. Queremos também estar prontos para atender ao vosso chamado e cumprir a vossa vontade.

Hoje, consagramos ao vosso divino Coração nossas pessoas, nossas famílias, nossos amigos, enfim tudo o que somos e possuímos.

Bom Jesus, somos inteiramente vossos e tudo devemos ao vosso amor. Queremos neste momento, nos entregar mais plenamente ao vosso domínio, fixar nossos olhos em vosso Coração, imitando suas virtudes, partilhando seus sentimentos, fazendo de seus desejos regras para nossa vida, e nos empenhando para o triunfo de vossa santa vontade.

Muitos de nós somos ingratos e ignoramos vossos benefícios, desconhecendo vossa vontade e resistindo ao vosso amor. Queremos então, ser mais fiéis, reparando nossas culpas com maior generosidade e reverência.

Santíssima Virgem Maria, Mãe de Jesus e Mãe nossa também, conheceis e honrais perfeitamente o Coração de vosso Filho. Ajudai-nos a viver, com generosidade e constância, esta consagração. Apresentai-a ao vosso amado Filho. Alcançai-nos a graça de viver amando Jesus, para morrermos em seu santo amor e nos alegrarmos em vossa companhia, ó Mãe querida, por toda a eternidade. Amém!

Novena para a festa do Sagrado Coração

1º Dia — Coração amável de Jesus, Coração puro e santo, todo cheio de amor. Coração repleto de todas as perfeições e virtudes. Vós sois o centro de todos os corações e mereceis o nosso amor. Destruí em nós tudo o que nos impede de ser vossos. Jesus, nós queremos amar tudo em Vós e Vós em tudo.

Pai-Nosso, Ave-Maria, Glória ao Pai.

Sagrado Coração de Jesus, fazei que vos amemos cada vez mais.

OREMOS — Ó Deus, que no Coração de vosso Filho, ferido por nossos pecados, nos concedestes infinitos tesouros de amor, fazei que lhe ofereçamos uma justa reparação consagrando-lhe toda nossa vida. Por Cristo, nosso Senhor.

R. Amém!

2º Dia — Coração de Jesus, cheio de amor para com todos, por que é que nós vos correspondemos tão mal e até vos tratamos com desprezo? Temos sido ingratos e não sabemos amar-vos sobre todas as coisas. Convertei-nos e seremos convertidos.

Pai-Nosso, Ave-Maria, Glória ao Pai.

Sagrado Coração de Jesus, fazei que vos amemos cada vez mais.

OREMOS — Ó Deus, que no Coração de vosso Filho, ferido por nossos pecados, nos concedestes infinitos tesouros de amor, fazei que lhe ofereçamos uma justa reparação consagrando-lhe toda a nossa vida. Por Cristo, nosso Senhor.
R. Amém!

3º Dia — Coração de Jesus, desejoso de ser amado, que achais vossas delícias em ser amado por nós, merecíamos, por causa de nossos pecados, viver afastados de vossa graça. Mas sempre continuais a procurar nosso amor. Fazei que muito vos amemos depois de muito vos ter ofendido.

Pai-Nosso, Ave-Maria, Glória ao Pai.

Sagrado Coração de Jesus, fazei que vos amemos cada vez mais.

OREMOS — Ó Deus, que no Coração de vosso Filho, ferido por nossos pecados, nos concedestes infi-

nitos tesouros de amor, fazei que lhe ofereçamos uma justa reparação consagrando-lhe toda a nossa vida. Por Cristo, nosso Senhor.
R. Amém!

4º Dia — Coração aflito de Jesus, queremos detestar tudo o vos desagrada. Dai-nos tanto horror ao pecado que evitemos até nas faltas mais leves, unicamente porque desgostam a Vós, que sois digno de ser amado acima de todas as coisas. Concedei-nos a graça, ó amável Salvador, de sempre nos dirigirmos a Vós dizendo: Ó meu Jesus, dai-nos o vosso amor!

Pai-Nosso, Ave-Maria, Glória ao Pai.

Sagrado Coração de Jesus, fazei que vos amemos cada vez mais.

OREMOS — Ó Deus, que no Coração de vosso Filho, ferido por nossos pecados, nos concedestes infinitos tesouros de amor, fazei que lhe ofereçamos uma justa reparação consagrando-lhe toda a nossa vida. Por Cristo, nosso Senhor.
R. Amém!

5º Dia — Coração misericordioso de Jesus, mesmo quando nos achávamos na desgraça, vossa bondade nos iluminou e nos ofereceu perdão. Concedei-nos a graça de chorarmos os nossos pecados e desejarmos o vosso amor. Não deixeis, amado Jesus, de ter piedade de nós. Nós pedimos a vossa misericórdia que nos comunique a graça de nunca vos sermos ingratos.

Pai-Nosso, Ave-Maria, Glória ao Pai.

Sagrado Coração de Jesus, fazei que vos amemos cada vez mais.

OREMOS — Ó Deus, que no Coração de vosso Filho, ferido por nossos pecados, nos concedestes infinitos tesouros de amor, fazei que lhe ofereçamos uma justa reparação consagrando-lhe toda a nossa vida. Por Cristo, nosso Senhor.

R. Amém!

6º Dia — Coração generoso de Jesus, está no vosso poder fazer nossos corações semelhantes ao vosso. Por nós mesmos nada temos e nada podemos. Mas vós nos destes o desejo de vos amar. Fazei, pois, ó meu Jesus, que de hoje em diante a vossa santa vontade seja a inspiração dos nossos pensamentos, desejos e ações.

Pai-Nosso, Ave-Maria, Glória ao Pai.

Sagrado Coração de Jesus, fazei que vos amemos cada vez mais.

OREMOS — Ó Deus, que no Coração de vosso Filho, ferido por nossos pecados, nos concedestes infinitos tesouros de amor, fazei que lhe ofereçamos uma justa reparação consagrando-lhe toda a nossa vida. Por Cristo, nosso Senhor.

R. Amém!

7º Dia — Coração eucarístico de Jesus, que vos mostrais sempre agradecidos a nós até por um copo d'água ou uma simples moeda, perdoa nossas ingratidões. Fazei que vos amemos sobre todas as coisas por toda a vida. Fazei também que reconheçamos a vossa santa vontade com o auxílio da vossa graça.

Pai-Nosso, Ave-Maria, Glória ao Pai.

Sagrado Coração de Jesus, fazei que vos amemos cada vez mais.

OREMOS — Ó Deus, que no Coração de vosso Filho, ferido por nossos pecados, nos concedestes infinitos tesouros de amor, fazei que lhe ofereçamos uma justa reparação consagrando-lhe toda a nossa vida. Por Cristo, nosso Senhor.
R. Amém!

8º Dia — Coração de Jesus, fonte de misericórdia e de amor, não permitais que vossos sofrimentos sejam desprezados por nós. Não nos deixeis esquecer das lágrimas e do sangue que derramastes por nós. Perdoai-nos. Fazei que mortifiquemos o que há de malicioso em nós para vivermos no vosso amor.

Pai-Nosso, Ave-Maria, Glória ao Pai.

Sagrado Coração de Jesus, fazei que vos amemos cada vez mais.

OREMOS — Ó Deus, que no Coração de vosso Filho, ferido por nossos pecados, nos concedestes infinitos tesouros de amor, fazei que lhe ofereçamos uma justa reparação consagrando-lhe toda a nossa vida. Por Cristo, nosso Senhor.

R. Amém!

9º Dia — Coração de Jesus, fiel para com todas as criaturas, quantas vezes, depois de termos prometido ser inteiramente vossos, nós vos negamos. Reconhecemos nossas ingratidões e queremos nos converter sinceramente. Aquecei nossos corações no fogo do mesmo amor que abrasa o vosso Coração.

Pai-Nosso, Ave-Maria, Glória ao Pai.

Sagrado Coração de Jesus, fazei que vos amemos cada vez mais.

OREMOS — Ó Deus, que no Coração de vosso Filho, ferido por nossos pecados, nos concedestes infinitos tesouros de amor, fazei que lhe ofereçamos uma justa reparação consagrando-lhe toda a nossa vida. Por Cristo, nosso Senhor.

R. Amém!

Meditação para a Novena do Coração de Jesus

1º dia — Coração de Jesus, templo da Santíssima Trindade.

Um só ato de adoração e de amor, ou de outra qualquer virtude, que saísse do Coração de Cristo, pela sua união à pessoa do Verbo Divino, era para Deus infinitamente mais valioso do que os atos de todas as pessoas deste mundo, mesmo as mais santas. Nós também devemos ser templos vivos de Deus pela graça. Peçamos ao Sagrado Coração que faça o nosso coração semelhante ao dele.

2º dia — Coração de Jesus, doador da Eucaristia.

A Eucaristia é o maior presente do Coração de Cristo. Ela é a fonte e cume de toda a vida da Igreja.

A Eucaristia, é o santo sacrifício, fazendo presente a Obra da Redenção. A Eucaristia, é sacramento da Vida. A Eucaristia, é a presença real do amor vivo de Cristo na nossa caminhada para o Pai.

3º dia — Coração de Cristo, coroado de espinhos.

Toda a vida de Cristo, até à Sua gloriosa Ressurreição, foi cruz e martírio. Desde o primeiro instante Ele acolheu o plano de redenção oferecido por seu Pai. A aproximação dos seus sofrimentos redentores foi tão viva que O fez suar sangue no Monte das Oliveiras. Que saibamos transformar os nossos sofrimentos em provas de amor!

4º dia — O Coração de Jesus, fornalha ardente de caridade.

Assim O invocamos na ladainha do Sagrado Coração. Só o Espírito Santo pode sondar a imensidão do amor de Cristo para com o Pai e para conosco. Jesus o manifestou cumprindo fielmente a vontade do Pai e entregando-se todo pela nossa salvação. Que examinemos como imitamos esse amor e lhe correspondemos em nosso dia a dia.

5º dia — O Coração de Jesus, paraíso de delícias celestes.

O Coração de Cristo é um oceano para onde chegam todos os rios da caridade do Pai e donde saem todos os rios de graças que santificam as pessoas, porque nele se encerram todas as riquezas do amor divino. Esses tesouros infinitos de amor e de vida estão sempre à nossa disposição.

6º dia — O Coração de Jesus, riquíssimo de virtudes.

O Coração de Cristo é um coração rico de todas as virtudes: inocência, humildade, fortaleza, mansidão, bondade, sabedoria... Basta ler o Evangelho para ir descobrindo as virtudes e do Seu Coração divino. Procuremos alcançar, com a graça de Deus, em nossa vida diária, os mesmos sentimentos que animam e enriquecem esse Coração divino.

7º dia — O Coração de Jesus, abismo de misericórdia.

Basta lembrar como Cristo acolhia e tratava os doentes e pecadores: publicanos, paralítico, leprosos, a mulher adúltera, o bom ladrão e tantos outros. Ele mesmo afirmou: "Eu vim a este mundo para salvar os pecadores". Essa atitude de Cristo nos inspira confiança e nos ensina como devemos tratar os pecadores.

8º dia — O Coração de Jesus, tesouro dos nossos corações.

Do lado aberto de Cristo, no Calvário, jorraram sangue e água. Sangue e água que simbolizam a Igreja e os Sacramentos. A Igreja é o caminho normal para Cristo; os Sacramentos são os canais que nos comunicam as graças da Redenção. Cristo nos atrai continuamente a Si pela Igreja e pelos Sacramentos. Apreciamos suficientemente o tesouro espiritual que temos na Igreja e nos Sacramentos?

9º dia — O Coração de Jesus, garantia da vida eterna.

Assim como o coração humano é o motor da nossa vida física, assim também a caridade é o motor da nossa vida espiritual e eterna. Quem vive no Amor não pode se condenar, porque o Amor é a vida de todos os que são realmente filhos de Deus, em Cristo e no Espírito Santo.

Novena perpétua ao Sagrado Coração de Jesus

Ó Jesus, ao vosso Coração eu confio ...
   (intenção)
Olhai e fazei aquilo que o vosso Coração vos
   disser.
Conto com Ele, confio n'Ele e a Ele me entrego.
Sagrado Coração de Jesus, eu creio no vosso
   amor para comigo.
Sagrado Coração de Jesus, eu tenho confiança
   em Vós.
Sagrado Coração de Jesus, venha a nós o vosso
   Reino.

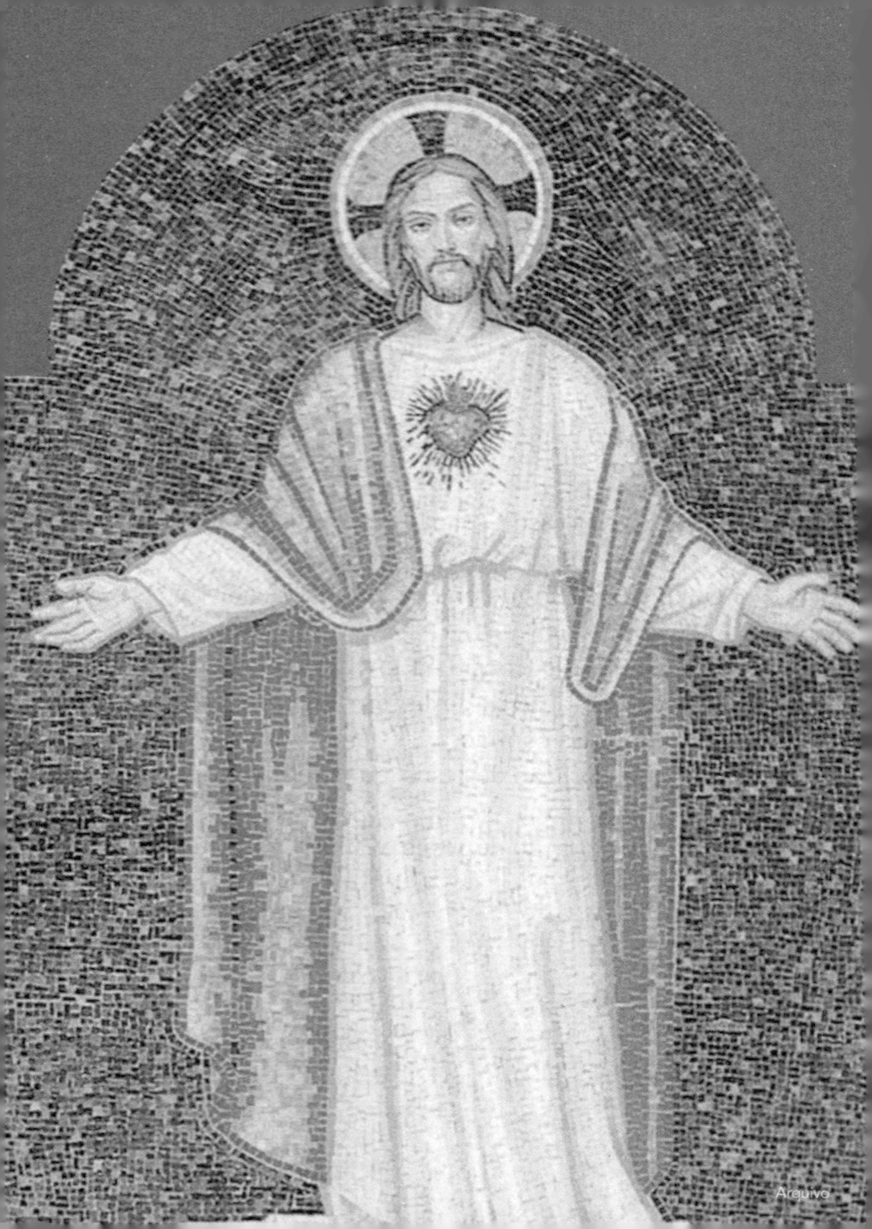

Arquivo

Tríduo de agradecimento ao Sagrado Coração de Jesus

1º DIA — Coração bondoso de Jesus, sempre fiel às vossas promessas, Vós dissestes à vossa discípula Santa Margarida Maria que iria nos conceder qualquer graça, desde que não fosse contra o nosso bem. Confiados nesta promessa, recorremos a vós em nossas aflições. Sede para sempre bendito, porque sempre nos atendeis. E, para agradecer o favor recebido, vos oferecemos nossa ação de graças com os Anjos, Santos e Santas. Associados a eles, repetimos: Bendito e louvado seja sempre o Coração que tanto nos ama e assim nos socorre.

Pai-Nosso, Ave-Maria, Glória ao Pai.

Sagrado Coração de Jesus, fazei que eu vos ame cada vez mais.

2º DIA — Coração divino de Jesus, na Palestina vos queixastes, porque apenas um dos dez leprosos curados veio vos agradecer. Queremos imitar este leproso que voltou glorificando a Deus em alta voz. De todo coração, queremos agradecer as bênçãos já recebidas em nossas vidas, repetindo: Bendito e louvado seja sempre o Coração que tanto nos ama e assim nos socorre.

Pai-Nosso, Ave-Maria, Glória ao Pai.

Sagrado Coração de Jesus, fazei que eu vos ame cada vez mais.

3º DIA — Sagrado Coração de Jesus que a confiança que temos em Vós cresça sempre mais em nossas vidas. Que seja uma confiança sincera e ilimitada em todas as nossas necessidades. Que em vosso Coração saibamos encontrar o remédio para todos os nossos males! Cheios de júbilo e gratidão, queremos repetir: Bendito e louvado seja sempre o Coração que tanto nos ama e assim nos socorre.

Pai-Nosso, Ave-Maria, Glória ao Pai.

Sagrado Coração de Jesus, fazei que eu vos ame cada vez mais.

Via-sacra bíblica

INTRODUÇÃO

Foi na subida do Calvário que o Coração de Cristo Deu ao mundo a lição salvadora do amor infinito do Pai do céu para conosco, na expressão suprema da dor e da caridade do Seu Divino Filho.

Fazer a VIA-SACRA é um dos melhores modos de MEDITAR a Paixão de Cristo.

Iniciemos nossa VIA-SACRA rezando juntos:

Oração

Eis-nos aqui, ó bom e amado Jesus, na vossa presença. Nós vos pedimos com o mais ardente fervor, que vos digneis gravar nos nossos corações os mais vivos sentimentos de fé, esperança e caridade, e o verdadeiro arrependimento de nossos pecados, com a firme vontade de os reparar. Contemplamos as vossas cinco chagas, com vivo afeto e dor, lembrando o que o Santo profeta Davi já vos fazia dizer, ó bom Jesus:

"Transpassaram minhas mãos e meus pés, e contaram todos os meus ossos." Ó Maria, Rainha dos Mártires e minha Mãe Santíssima, imprimi no meu coração as chagas do vosso Divino Filho crucificado. Amém!

Canto: A morrer crucificado teu Jesus é condenado: por teus crimes, pecador. Por teus crimes, pecador.

PRIMEIRA ESTAÇÃO

Jesus é condenado à morte

V. Nós Vos adoramos, ó Cristo, e Vos bendizemos.
R. Porque pela Vossa Santa Cruz remistes o mundo.

LEITOR 1 — Conforme o evangelista João: "Pilatos procurava libertar Jesus. Mas os judeus gritavam: 'Se o libertas, não és amigo de César. Todo aquele que se faz rei é inimigo de César'. Pilatos, ouvindo essas palavras, mandou trazer Jesus e disse aos judeus: 'Eis o vosso rei'. Eles, porém, gritaram: 'Crucifica-o! Crucifica-o!'. Disse Pilatos: 'Devo crucificar o vosso rei?'. Responderam os sacerdotes: 'Não temos outro rei, senão César'. Então Pilatos entregou-lhes Jesus para ser crucificado" (Jo 19,12-16).

LEITOR 2 — "Por isto o Pai me ama, porque dou a vida para de novo a tomar. Ninguém me pode tirar a vida; sou eu que a ofereço. E tenho o poder de a dar, e o poder de a retomar. Recebi de meu Pai este mandamento" (Jo 10,17-18).

DIRIGENTE — Deus onipotente e eterno, concedei-nos a graça de reviver de tal modo os mistérios da Paixão do Senhor, que mereçamos perdão e misericórdia. Por Cristo, nosso Senhor. Amém!

Pai Nosso...

V. Senhor, tende piedade de nós.
R. Senhor, tende piedade de nós.
V. Que os fiéis defuntos, pela misericórdia de Deus, descansem em paz.
R. Amém!

Canto: Com a cruz é carregado, e do peso acabrunhado, vai morrer por teu amor. Vai morrer por teu amor.

SEGUNDA ESTAÇÃO

Jesus recebe a Cruz

V. Nós Vos adoramos, ó Cristo, e Vos bendizemos.
R. Porque pela Vossa Santa Cruz remistes o mundo.

LEITOR 1 — Assim descreve o Evangelho de São João: "Os judeus se apoderaram, então, de Jesus. Ele, levando a Cruz aos ombros, saiu da cidade em direção ao Calvário" (Jo 19,16-17).

LEITOR 2 — E Jesus nos recomenda: "Se alguém quiser me seguir, renuncie a si mesmo, tome a sua cruz e siga-me. Quem quiser salvar a sua vida a perderá; mas quem perder a vida por amor de mim a encontrará. Em verdade, que aproveita ao homem ganhar o mundo inteiro se vier a perder a sua alma?" (Mt 16,24-26).

DIRIGENTE — Altíssimo, onipotente e Bom Senhor, que para dar ao gênero humano um exemplo de humildade, quisestes que o nosso Salvador tomasse a natureza humana e subisse à Cruz, concedei-nos que acolhamos o ensinamento da sua Paixão para participar na sua Ressurreição.

Por Cristo, Nosso Senhor. Amém!
Pai Nosso...

V. Senhor, tende piedade de nós.
R. Senhor, tende piedade de nós.
V. Que os fiéis defuntos, pela misericórdia de Deus, descansem em paz.
R. Amém!

Canto: Pela cruz tão oprimido, cai Jesus desfalecido pela tua salvação. Pela tua salvação.

TERCEIRA ESTAÇÃO

Jesus cai pela primeira vez

V. Nós Vos adoramos, ó Cristo, e Vos bendizemos.
R. Porque pela Vossa Santa Cruz remistes o mundo.

LEITOR 1 — Como disse o profeta Isaías: "O Senhor abriu-me os ouvidos, e eu não fiz resistência, não me retirei. Apresentei as costas àqueles que me flagelavam e o rosto a quem me arrancava a barba. Não desviei o rosto das ofensas e dos escarros. Deus está comigo. Por isso não serei confundido" (Is 50,5-7).

LEITOR 2 — Disse Jesus: "Quem quiser ser grande entre vós, torne-se vosso servidor e quem quiser ser o primeiro, torne-se servo de todos. Porque também o Filho do homem não veio para ser servido, mas para servir e dar a vida para redenção de muitos" (Mc 10,43-45)

DIRIGENTE — Concedei-nos, nós vos pedimos, Deus onipotente, que, caindo por nossa fraqueza no meio de tantas dificuldades, encontremos apoio na intercessão de vosso Filho sofredor, Ele que vive e reina convosco, agora e sempre. Amém!

Pai Nosso...

V. Senhor, tende piedade de nós.
R. Senhor, tende piedade de nós.
V. Que os fiéis defuntos, pela misericórdia de Deus, descansem em paz.
R. Amém!

Canto: De Maria lacrimosa, no encontro lastimosa, vê a imensa compaixão. Vê a imensa compaixão.

QUARTA ESTAÇÃO

Jesus encontra-se com sua Mãe Santíssima

V. Nós Vos adoramos, ó Cristo, e Vos bendizemos.
R. Porque pela Vossa Santa Cruz remistes o mundo.

LEITOR 1 — Conforme o Evangelho de Lucas, "Simeão disse a Maria, Mãe de Jesus: 'Eis que esta criança será causa de ruína e de salvação para muitos em Israel. Será um sinal de contradição. E uma espada de dor te transpassará o coração, para que se descubram os secretos pensamentos de muitos corações'" (Lc 2,34-35).

LEITOR 2 — Lemos em São Mateus: "Aquele que faz a vontade de meu Pai que está nos céus, esse é meu irmão, minha irmã e minha mãe" (Mt 12,50).

DIRIGENTE) — Ó Deus, em cuja Paixão, como Simeão tinha profetizado, uma espada de dor atravessou o coração materno da gloriosa Virgem Maria, concedei-nos por vossa bondade que a recordação e a veneração dos sofrimentos do Vosso Filho nos obtenham o fruto benéfico da sua Paixão. Vós que viveis e reinais agora e sempre. Amém!

Pai Nosso...

V. Senhor, tende piedade de nós.
R. Senhor, tende piedade de nós.

V. Que os fiéis defuntos, pela misericórdia de Deus, descansem em paz.
R. Amém!

Canto: Em extremo desmaiado, deve auxílio, tão cansado receber do Cirineu! Receber do Cirineu!

QUINTA ESTAÇÃO

Jesus é ajudado por Cireneu

V. Nós Vos adoramos, ó Cristo, e Vos bendizemos
R. Porque pela Vossa Santa Cruz remistes o mundo.

LEITOR 1 — Conforme São Lucas, "Os soldados pegaram um certo Simão Cireneu, que voltava do campo, e puseram a Cruz sobre ele, para que a levasse atrás de Jesus" (Lc 23,26).

LEITOR 2 — Jesus disse: "O discípulo não é mais que o seu mestre, nem o servo mais que o seu senhor. Contente-se o discípulo de ser como o mestre, e o servo como o senhor. Se chamaram de demônio ao senhor da casa, o que não dirão de seus familiares?" (Mt 10,24-25)

DIRIGENTE — Ó Deus, que com o sangue precioso de vosso Filho quisestes abençoar a santa Cruz, concedei-nos, nós vos suplicamos, que todos quantos nos alegramos com a honra prestada à mesma santa

Cruz, possamos confiar sempre na vossa proteção. Por Cristo, Nosso Senhor. Amém!

Pai Nosso...

V. Senhor, tende piedade de nós.
R. Senhor, tende piedade de nós.
V. Que os fiéis defuntos, pela misericórdia de Deus, descansem em paz.
R. Amém!

Canto: O seu rosto ensanguentado, por Verônica enxugado, eis no pano apareceu! Eis no pano apareceu!

SEXTA ESTAÇÃO

Verônica enxuga o rosto de Jesus

V. Nós Vos adoramos, ó Cristo, e Vos bendizemos.
R. Porque pela Vossa Santa Cruz remistes o mundo.

LEITOR 1 — Conforme o profeta Isaías, "Nós o vimos sem nenhuma beleza, sem esplendor, sem aparência amável, desprezado e rejeitado por todos, homem das dores, experimentado no sofrimento" (Is 53,2-3).

LEITOR 2 — Jesus disse: "Quem me vê, vê aquele que me enviou. Eu, sou a Luz, que vim ao mundo para que todos os que acreditam em mim não fiquem nas trevas" (Jo 12,45-46).

DIRIGENTE — Ó Deus, a quem todos os corações são visíveis, a quem todas as vontades são claras, a quem nenhum segredo está escondido, purificai os nossos pensamentos com o dom do Espírito Santo, para que mereçamos em tudo vos amar e servir. Por Cristo, Nosso Senhor. Amém!

Pai Nosso...

V. Senhor, tende piedade de nós.
R. Senhor, tende piedade de nós.
V. Que os fiéis defuntos, pela misericórdia de Deus, descansem em paz.
R. Amém!

Canto: Outra vez desfalecido, pelas dores abatido. Cai por terra o salvador! Cai por terra o salvador!

SÉTIMA ESTAÇÃO

Jesus cai pela segunda vez

V. Nós Vos adoramos, ó Cristo, e Vos bendizemos.
R. Porque pela Vossa Santa Cruz remistes o mundo.

LEITOR 1 — Conforme o profeta Isaías: "Ele carregou as nossas dores e tomou sobre si os nossos sofrimentos; e nós o julgamos como se fosse um castigado, punido por Deus e humilhado. Ele foi ferido por causa das nossas culpas e esmagado pelas nossas maldades.

O castigo que nos dá a paz caiu sobre ele e é por suas chagas que nós somos curados" (Is 53,4-5).

LEITOR 2 — "Bem-aventurados os aflitos, porque serão consolados. Bem-aventurados os mansos, porque possuirão a terra. Bem-aventurados os que sofrem perseguição por causa da justiça, porque deles é o reino dos céus" (Mt 5,4-5.10).

DIRIGENTE — Concedei-nos, Pai Santo, que afligidos sem cessar pelas nossas culpas sejamos libertados pelos méritos da Paixão do vosso Filho Jesus Cristo, que vive e reina para sempre. Amém!

Pai Nosso...

V. Senhor, tende piedade de nós.
R. Senhor, tende piedade de nós.
V. Que os fiéis defuntos, pela misericórdia de Deus, descansem em paz.
R. Amém!

Canto: Das mulheres piedosas, de Sião filhas chorosas, é Jesus consolador! É Jesus consolador!

OITAVA ESTAÇÃO

Jesus encontra as santas mulheres

V. Nós Vos adoramos, ó Cristo, e Vos bendizemos.
R. Porque pela Vossa Santa Cruz remistes o mundo.

LEITOR 1 — Segundo São Lucas: "Uma grande multidão de povo e de mulheres o seguia. Elas batiam no peito e o lamentavam. Mas Jesus, voltando-se para elas, disse: 'Filhas de Jerusalém, não choreis por mim; chorai antes por vós e por vossos filhos'" (Lc 23,27-28).

LEITOR 2 — Jesus disse: "Nem todo que diz Senhor, Senhor, entrará no reino dos céus; mas aquele que faz a vontade de meu Pai, que está nos céus" (Mt 7,21).

DIRIGENTE — Ó Senhor, Jesus Cristo, que descestes do seio do Pai à terra e derramastes o vosso sangue precioso em remissão dos nossos pecados, nós Vos pedimos, humildemente, que no dia do juízo mereçamos ouvir: "vinde, benditos". Vós que viveis e reinais agora e sempre. Amém!

Pai Nosso...

V. Senhor, tende piedade de nós.
R. Senhor, tende piedade de nós.
V. Que os fiéis defuntos, pela misericórdia de Deus, descansem em paz.
R. Amém!

Canto: Cai terceira vez prostrado, pelo peso redobrado dos pecados e da cruz! Dos pecados e da cruz!

NONA ESTAÇÃO

Jesus cai pela terceira vez

V. Nós Vos adoramos, ó Cristo, e Vos bendizemos.
R. Porque pela Vossa Santa Cruz remistes o mundo.

LEITOR 1 — Como disse o profeta Isaías: "Quem terá compaixão d'Ele? Sim, Ele foi arrancado da terra dos vivos. Pelo eleito do meu Povo Ele foi ferido de morte. Mas Ele não tinha cometido nenhuma culpa, e não foi encontrada mentira nos seus lábios" (Is 53,8-9).

LEITOR 2 — Jesus disse: "Vinde a mim vós todos que estais cansados e sem forças e eu vos aliviarei. Tomai sobre vós o meu jugo, e aprendei de mim que sou manso e humilde de coração, e encontrareis repouso para vós. Porque o meu jugo é suave e o meu peso é leve" (Mt 11,28-30).

DIRIGENTE — Senhor Deus, que sois a única esperança do mundo, dignai-vos aumentar o fervor das orações do vosso povo, pois não podemos progredir nas virtudes, se Vós mesmo não nos inspirais com a vossa graça. Por Cristo, Nosso Senhor. Amém!

Pai Nosso...

V. Senhor, tende piedade de nós.
R. Senhor, tende piedade de nós.

V. Que os fiéis defuntos, pela misericórdia de Deus, descansem em paz.
R. Amém!

Canto: De suas vestes despojado, por alguns é maltratado, eu vos vejo, meu Jesus! Eu vos vejo, meu Jesus!

DÉCIMA ESTAÇÃO

Jesus é despojado de suas vestes

V. Nós Vos adoramos, ó Cristo, e Vos bendizemos.
R. **Porque pela Vossa Santa Cruz remistes o mundo.**

LEITOR 1 — Conforme os Evangelhos: "Os soldados crucificaram Jesus e sortearam entre si suas vestes. A túnica era feita de uma só peça, tecida de alto a baixo. Disseram então: 'Não a rasguemos, mas vamos sorteá-la para ver a quem fica com ela'" (Mc 15,24; Jo 19,23).

LEITOR 2 — Jesus disse: "Vim trazer o fogo à terra, e como gostaria que ele se acendesse" (Lc 12,49).

DIRIGENTE — Purificai, Senhor, com o fogo do Espírito Santo, o nosso corpo e o nosso coração; para que Vos sirvamos com um corpo casto e Vos agrademos com um coração puro. Por Cristo Nosso Senhor. Amém!

Pai Nosso...

V. Senhor, tende piedade de nós.
R. Senhor, tende piedade de nós.
V. Que os fiéis defuntos, pela misericórdia de Deus, descansem em paz.
R. Amém!

Canto: Sois por mim na cruz pregado, insultado, blasfemado, com cegueira e com furor! Com cegueira e com furor!

DÉCIMA PRIMEIRA ESTAÇÃO

Jesus é pregado na Cruz

V. Nós Vos adoramos, ó Cristo, e Vos bendizemos.
R. Porque pela Vossa Santa Cruz remistes o mundo.

LEITOR 1 — Conforme o Evangelho: "E chegando ao Calvário, juntamente com os ladrões, um à direita e outro à esquerda, o crucificaram. Jesus dizia: 'Pai, perdoai-os, porque não sabem o que fazem'" (Lc 23,33-34).

LEITOR 2 — Jesus disse: "Quando tiverdes levantado da terra o Filho do Homem, então sabereis que 'Eu sou', e conhecereis que nada faço por mim mesmo, mas conforme o que o Pai me ensinou. Chegou a hora em que o Príncipe deste mundo será expulso. E eu, quando for levantado da terra, atrairei todas as coisas a mim" (Jo 8,28; 12,31-32).

DIRIGENTE — Olhai, ó Deus, para esta nossa família, pois por seu amor o nosso Senhor Jesus não hesitou em se entregar aos inimigos e sofrer o tormento da Cruz. Por Cristo, Nosso Senhor. Amém!

Pai Nosso...

V. Senhor, tende piedade de nós.
R. Senhor, tende piedade de nós.
V. Que os fiéis defuntos, pela misericórdia de Deus, descansem em paz.
R. Amém!

Canto: Por meus crimes padecestes, meu Jesus, por mim morrestes, oh que grande é minha dor! Oh que grande é minha dor!

DÉCIMA SEGUNDA ESTAÇÃO

Jesus morre na Cruz

V. Nós Vos adoramos, ó Cristo, e Vos bendizemos.
R. Porque pela Vossa Santa Cruz remistes o mundo.

LEITOR 1 — Conforme o Evangelho de São João: "Para que a Escritura se cumprisse, Jesus exclamou: 'Tenho sede!' Havia ali perto uma vasilha cheia de vinho avinagrado. Molharam uma esponja e a colocaram na ponta de uma vara e a levaram aos lábios de Jesus. Tendo provado a bebida, Ele disse: 'Tudo está consumado'. E, inclinando a cabeça, deu o último suspiro" (Jo 19,28-30).

LEITOR 2 — "Não há maior prova de amor do que dar a vida pela pessoa amada" (Jo 15,13).

DIRIGENTE — Ó Deus que no Coração de vosso Filho, ferido pelos nossos pecados, Vos dignais nos dar misericordiosamente os tesouros do vosso amor, e concedei-nos apresentar-lhe nossas súplicas e nossa reparação. Por Cristo, Nosso Senhor. Amém!

Pai Nosso...

V. Senhor, tende piedade de nós.
R. Senhor, tende piedade de nós.
V. Que os fiéis defuntos, pela misericórdia de Deus, descansem em paz.
R. Amém!

Canto: Do madeiro vos tiraram e à Mãe vos entregaram com que dor e compaixão! Com que dor e compaixão!

DÉCIMA TERCEIRA ESTAÇÃO

Jesus é descido da Cruz

V. Nós Vos adoramos, ó Cristo, e Vos bendizemos.
R. Porque pela Vossa Santa Cruz remistes o mundo.

LEITOR 1 — Segundo São João: "Depois disto, José de Arimateia, que era discípulo de Jesus, embora escondido por medo dos judeus, pediu a Pilatos para retirar o Corpo de Jesus da cruz. Pilatos deu licença. Foi então e retirou o Corpo de Jesus" (Jo 19,38).

LEITOR 2 — Jesus disse: "Eu peço por eles. Não pelo mundo, mas por aqueles que Tu, ó Pai, me deste, porque eles são teus... Eu já não estou no mundo, e eles estão no mundo..." (Jo 17,9-11)

DIRIGENTE — Apresentando à vossa Majestade o Cordeiro imaculado, nós Vos suplicamos, ó Deus, que acendais em nossos corações aquele fogo divino que inflamou o coração da bem-aventurada Virgem Maria. Por Cristo, Nosso Senhor. Amém!

Pai Nosso...

V. Senhor, tende piedade de nós.
R. Senhor, tende piedade de nós.
V. Que os fiéis defuntos, pela misericórdia de Deus, descansem em paz.
R. Amém!

Canto: No sepulcro vos deixaram. Sepultado, vos choraram, magoado o coração! Magoado o coração!

DÉCIMA QUARTA ESTAÇÃO

Jesus é sepultado

V. Nós Vos adoramos, Senhor, e Vos bendizemos.
R. Porque pela Vossa Santa Cruz remistes o mundo.

LEITOR 1 — Conforme São Lucas: "José de Arimateia tirou-o da cruz, envolveu-o num lençol de linho e o colocou num sepulcro cavado na rocha, onde ninguém ainda havia sido depositado" (Lc 23,53).

LEITOR 2 — "Era véspera da páscoa e já brilhavam as luzes do início do sábado. No entanto, as mulheres que tinham seguido a Jesus desde a Galileia foram com José e examinaram bem o sepulcro e como o corpo de Jesus tinha sido depositado. Voltaram e preparam aromas e óleos perfumados mas, no sábado, observaram o mandamento do repouso." (Lc 23,54-56).

DIRIGENTE — Senhor Jesus, que quisestes participar da nossa humanidade, também descendo à mansão dos mortos para a salvação de todos, concedei-nos manter a fé viva nas horas de vosso silêncio como os primeiros discípulos e discípulas. Vós que viveis e reinais, para sempre. Amém!

Pai Nosso...

V. Senhor, tende piedade de nós.
R. **Senhor, tende piedade de nós.**
V. Que os fiéis defuntos, pela misericórdia de Deus, descansem em paz.
R. **Amém!**

Canto: Meu Jesus por vossos passos recebei em vossos braços a mim, pobre pecador! A mim, pobre pecador!

DÉCIMA QUINTA ESTAÇÃO

Jesus vence a morte e ressurge glorioso

DIRIG. — Nós vos adoramos e bendizemos, Senhor Jesus Cristo.

TODOS — Porque pela Vossa Santa Cruz e Ressurreição remistes o mundo.

LEITOR 1 — Conforme o relato de São Lucas: "As mulheres entraram e não acharam ali o corpo do Senhor Jesus, não sabiam ainda o que pensar, quando apareceram dois homens com vestes resplandecentes. Cheias de medo inclinaram o rosto para o chão. Eles lhes disseram: 'Por que procurais entre os mortos quem está vivo? Não está aqui, mas ressuscitou'" (Lc 24,4-6).

LEITOR 2 — Jesus disse: "Em verdade, em verdade vos digo, se o grão de trigo cai na terra e não morre, permanece só. Se ele morre, dará muito fruto" (Jo 12,24).

LEITOR 1 — Sempre é Páscoa, quando deixamos Cristo entrar em nossa vida, quando testemunhamos seu Evangelho e quando colocamos nossos talentos a serviço dos outros. Sempre é Páscoa, quando juntamos nosso tijolinho humilde, mas generoso, na construção de um mundo mais justo, mais humano, mais divino, mais fraterno, mais pascal.

LEITOR 2 — Sempre é Páscoa para os servidores da fé, para o peregrino Povo de Deus. Sempre é Páscoa para quem irradia otimismo, sorri esperança, conforta aflitos, presta favores, partilha seu tempo e oferta perdão.

DIRIGENTE — Senhor Jesus, Filho do Deus vivo, vós dissestes: "Era necessário que Cristo sofresse estas coisas e assim entrasse na sua glória", ajudai-nos a enfrentar todos os sofrimentos desta vida com profunda fé na vossa ressurreição. Agradecidos, vos pedimos: guiai nossos passos, hoje e sempre, a caminho da eternidade. Vós que viveis e reinais para sempre. Amém!

Mistérios do Santo Rosário

Mistérios Gozosos
(segunda-feira e sábado)

1º Mistério: No 1º mistério contemplamos a saudação do Anjo à Virgem Santíssima, anunciando-lhe que fora escolhida por Deus para ser a Mãe de Cristo, nosso Redentor.

2º Mistério: No 2º mistério contemplamos o gesto de caridade da Virgem Maria, visitando sua prima Isabel e permanecendo três meses com ela.

3º Mistério: No 3º mistério contemplamos o nascimento de Cristo, pobre e despojado, na gruta de Belém. O céu desceu à terra para que os homens ficassem mais perto de Deus.

4º Mistério: No 4º mistério contemplamos Maria apresentando seu Filho, no templo. Simeão, ao tomar

Jesus em seus braços, louvou e glorificou o Senhor, profundamente agradecido em seu coração.

5º Mistério: No 5º mistério contemplamos a perda e o reencontro de Jesus, no templo, em Jerusalém. Enquanto Maria e José o procuravam, aflitos, o Menino permanecera entre os doutores da lei, dando-lhes lições de sabedoria e falando das coisas do Pai.

Mistérios Luminosos
(quinta-feira)

1º Mistério: No 1º mistério contemplamos o batismo de Jesus no Rio Jordão, a passagem da infância à vida pública de Jesus.

2º Mistério: No 2º mistério contemplamos a água transformada em vinho em Caná, graças à intervenção de Maria, a primeira entre os crentes.

3º Mistério: No 3º mistério contemplamos o anúncio do Reino de Deus, como convite à conversão e à confiança.

4º Mistério: No 4º mistério contemplamos a transfiguração de Jesus no monte Tabor, acontecimento em que Jesus revela a glória da sua divindade.

5º Mistério: No 5º mistério contemplamos a instituição da Eucaristia, na qual Cristo se faz alimento sob os sinais do pão e do vinho.

Mistérios Dolorosos
(terça-feira e sexta-feira)

1º Mistério: No 1º mistério contemplamos a agonia de Jesus no Horto das Oliveiras, suando sangue, rezando pela humanidade e preparando-se para beber o Cálice da Redenção.

2º Mistério: No 2º mistério contemplamos a flagelação de Cristo, na casa de Pilatos. Chicoteado cruelmente, Jesus ofertou aquele sofrimento por nossa salvação.

3º Mistério: No 3º mistério contemplamos a dolorosa coroação de espinhos a que Jesus foi submetido por seus malfeitores, antes de ser condenado à morte.

4º Mistério: No 4º mistério contemplamos a condenação de Jesus à morte, a cruz que lhe colocaram nos ombros e sua dolorosa caminhada rumo ao Calvário.

5º Mistério: No 5º mistério contemplamos a crucifixão, agonia e morte de Cristo, no alto do Gólgota, à vista de sua aflita Mãe.

Mistérios Gloriosos
(quarta-feira e domingo)

1º Mistério: No 1º mistério contemplamos a Ressurreição gloriosa de Cristo, no domingo da Páscoa, vencendo o pecado e a morte.

2° Mistério: No 2° mistério contemplamos a Ascensão de Cristo ao céu, presenciada por Maria Santíssima e os apóstolos, quarenta dias após a Ressurreição.

3° Mistério: No 3° mistério contemplamos a vinda do Espírito Santo sobre os apóstolos, reunidos no Cenáculo com Maria Santíssima.

4° Mistério: No 4° mistério contemplamos a Assunção de Maria Santíssima ao céu, como recompensa da sua vida e da sua participação na obra redentora da humanidade.

5° Mistério: No 5° mistério contemplamos a coroação de Maria Santíssima, como Rainha do céu e da terra. Junto a seu Filho, ela nos aguarda. Junto a seu Filho, ela intercede por nós, eternamente.

Ladainha de Nossa Senhora

Senhor, tende piedade de nós.
Jesus Cristo, tende piedade de nós.
Senhor, tende piedade de nós.
Jesus Cristo, ouvi-nos.
Jesus Cristo, atendei-nos.
Deus, Pai dos céus, tende piedade de nós.
Deus Filho, Redentor do mundo,
Espírito Santo, que sois Deus,
Santíssima Trindade, que sois um só Deus,
Santa Maria, rogai por nós.
Santa Mãe de Deus,
Santa Virgem das virgens,
Mãe de Jesus Cristo,
Mãe da divina graça,
Mãe puríssima,
Mãe castíssima,

Mãe imaculada,
Mãe intacta,
Mãe amável,
Mãe admirável,
Mãe do bom conselho,
Mãe do Criador,
Mãe do Salvador,
Virgem prudentíssima,
Virgem venerável,
Virgem louvável,
Virgem poderosa,
Virgem clemente,
Virgem fiel,
Espelho de justiça,
Sede de sabedoria
Causa da nossa alegria,
Vaso espiritual,
Vaso honorífico,
Vaso insigne de devoção,
Rosa mística,
Torre de Davi,
Torre de marfim,
Casa de ouro,
Arca da aliança,
Porta do Céu,
Estrela da manhã,
Saúde dos enfermos,

Refúgio dos pecadores,
Consoladora dos aflitos,
Auxílio dos cristãos,
Rainha dos anjos,
Rainha dos patriarcas,
Rainha dos profetas,
Rainha dos apóstolos,
Rainha dos mártires,
Rainha dos confessores,
Rainha das virgens,
Rainha de todos os santos,
Rainha concebida sem pecado original,
Rainha elevada ao céu,
Rainha do santo Rosário,
Rainha da paz,

Cordeiro de Deus, que tirais o pecado do mundo,
 perdoai-nos, Senhor.
Cordeiro de Deus, que tirais o pecado do mundo,
 ouvi-nos, Senhor.
Cordeiro de Deus, que tirais o pecado do mundo,
 tende piedade de nós.

V. Rogai por nós, Santa Mãe de Deus.
R. Para que sejamos dignos das promessas de Cristo.

OREMOS — Concedei a vossos servos, nós vos pedimos, Senhor Deus, que possamos sempre ter saúde da alma e do corpo. E pela gloriosa intercessão da bem-aventurada sempre Virgem Maria, sejamos livres da tristeza e alcancemos a eterna alegria. Por Cristo, nosso Senhor.
R. Amém!

Consagração do mundo ao Coração Imaculado de Maria
(Pio XII)

Rainha do SS. Rosário, auxílio dos cristãos, refúgio do gênero humano, triunfadora de todas as batalhas de Deus, nós nos prostramos suplicantes diante do vosso trono, certos de alcançar misericórdia e de receber graças e auxílio oportuno nas calamidades presentes, não pelos nossos merecimentos, mas unicamente pela bondade imensa do vosso Coração materno.

A vós, ao vosso Coração Imaculado, nesta hora grave da história humana, nos confiamos e consagramos, não somente com toda a Santa Igreja, Corpo místico do vosso Jesus, que em tantas partes sofre e de tantos modos é atormentada e perseguida, mas também com o mundo inteiro dilacerado por discórdias, agitado pelo ódio, vítima da própria maldade. Que vossa compaixão seja despertada por tantas ruínas materiais e morais, tantas dores, tantas angústias, tantas pessoas atormentadas e até em perigo de se perderem eternamente. Alcançai-nos, ó Mãe de misericórdia, a reconciliação cristã dos povos. Antes de tudo, obtende-nos aquelas graças que podem, num instante, converter os corações humanos, as graças que preparam e asseguram a tão desejada pacificação. Rainha da paz, rogai por nós e dai ao mundo a paz na verdade, na justiça, na caridade de Cristo. Dai-lhe sobretudo a paz dos corações, a fim de que, na tranquilidade da ordem, se dilate o reino de Deus. Concedei a vossa proteção aos que não creem e a todos os que ainda jazem nas sombras da morte. Fazei que brilhe para eles o Sol da verdade e possam, juntamente conosco, repetir, diante do único Salvador do mundo: "Glória a Deus no mais alto dos céus e paz na terra aos homens de boa vontade!" Aos povos divididos pelo erro ou pela discórdia, e particularmente àqueles que vos têm singular devoção, dai-lhes a paz e reconduzi-os ao único rebanho de Cristo, sob o único e verdadeiro Pastor. Alcançai liberdade completa para a Santa Igreja de Deus. Defendei-a dos seus inimigos. Barrai o avanço da imoralidade. Despertai nos fiéis o amor da pureza, a prática da vida cristã e o zelo apostólico, a fim de que o povo dos que servem a Deus aumente em mérito e em número. A Igreja e todo o gênero humano, ó Mãe de Jesus, foram consagrados ao Coração do vosso Filho que é para todos nós fonte inesgotável de vida e salvação. Do mesmo modo, ó Mãe nossa e Rainha do mundo, nós nos consagramos para sempre ao vosso Coração Imaculado. Que o vosso amor e proteção apressem o triunfo completo do reino de Deus e que todos os povos, pacificados com Deus e entre si, vos proclamem bem-aventurada! Que entoem convosco de um ao outro lado da terra, o eterno Magnificat de glória, amor e reconhecimento ao Coração de Jesus, pois somente Nele se podem encontrar a vida e a paz.

Arquivo

Terço ao Sagrado Coração de Jesus

Oferecimento: Ofereço-vos, ó meu Deus, neste dia, em união com o Sagrado Coração de Jesus, as orações e o trabalho, as alegrias e o descanso, as dificuldades e os sofrimentos desta vida, em reparação das nossas ofensas, e por todas as intenções, pelos quais o mesmo Divino Coração está continuamente a interceder e a sacrificar-se por nós em nossos altares. Eu Vos ofereço especialmente pelas intenções da Santa Igreja, por nosso Papa e por nossa família. Amém.
Creio em Deus Pai...

Nas contas grandes: Lembrai-vos, ó misericordioso Jesus, que sois tão bondoso e cheio de ternura para com todos. Confiante no vosso infinito amor, entrego minha súplica ao Vosso coração, com alegria e esperança, segundo vossa Palavra: "Pedi e recebereis.

Buscai e achareis. Batei e vos será aberto". Eu bato, procuro e peço esta graça que me é tão necessária (pedir a graça). Tudo para a maior glória de Deus e o bem da humanidade. Amém!

Nas contas pequenas: "Sagrado Coração de Jesus, eu confio em vós!"

Glória ao Pai, ao Filho e ao Espírito Santo...

Jaculatória: Ó sangue e água, que jorrastes do Coração de Jesus como fonte de misericórdia para nós, eu confio em vós.

Novena a Nossa Senhora Aparecida

Começa no dia 3 de outubro

Ó Virgem Maria, abençoada sois vós pelo Senhor Deus Altíssimo entre todas as mulheres da terra. Vós sois a glória de Jerusalém, a alegria de Israel, a honra do nosso povo!

Salve, ó Virgem, honra de nossa terra, a quem rendemos amor e veneração e a quem chamamos com o belo nome de Aparecida!

Quem poderá contar, ó doce Mãe, quantas graças que durante tantos anos alcançastes ao povo brasileiro, compadecida de nossos males?

Quisemos vos honrar com uma coroa de ouro, que vos é devida por tantos títulos. Continuai a atender bondosamente nossas preces.

Quando erguermos ao céu nossas mãos, ouvi clemente os nossos pedidos, ó Virgem! Conservai-nos afastados de todo pecado e, por fim, conduzi-nos ao céu.

Salvação, honra e poder Àquele que, uno e trino, nos altos céus, governa e rege o universo. Amém!

V. A vossa Imaculada Conceição, ó Virgem Mãe de Deus,
R. Anunciou a alegria ao mundo todo.

OREMOS — Ó Deus, que por intermédio da Mãe Imaculada de vosso Filho multiplicastes os dons de vossa graça em nosso favor, concedei-nos propício que, celebrando na terra os louvores da mesma Virgem, pelas suas preces maternas, mereçamos alcançar o prêmio eterno no céu. Por Cristo, Nosso Senhor.
R. Amém!

Novena à Imaculada Conceição

Começa no dia 29 de novembro

Ó Virgem Imaculada, que agradastes ao Senhor e és sua Mãe, olhai bondosamente a nós que imploramos vossa proteção. A antiga serpente, que foi amaldiçoada no Gênesis, teima em combater e tentar os filhos de Eva. Ó bendita Mãe, nossa Rainha e Advogada, que desde o primeiro instante da vossa Conceição pisastes a cabeça do inimigo, acolhei as súplicas que, unidos ao vosso coração, pedimos que apresenteis diante do trono do Altíssimo, para que nunca caiamos em tentação. Que todos cheguemos ao porto da salvação! E que, no meio de tantos perigos, a Igreja e a humanidade entoem o canto novo de libertação e paz. Amém!

V. Toda sois formosa, ó Maria.
R. E a mancha original não há em vós.

V. Vós sois a glória de Jerusalém;
R. Vós a alegria de Israel;
V. Vós a honra de nosso povo;
R. Vós o refúgio dos pecadores.
V. Ó Maria.
R. Ó Maria
V. Virgem prudentíssima.
R. Mãe clementíssima.
V. Rogai por nós.
R. Intercedei por nós a Nosso Senhor Jesus Cristo.
V. Vós fostes, ó Virgem, imaculada em vossa Conceição.
R. Rogai por nós ao Pai, cujo Filho destes à luz.

OREMOS — Ó Deus, que pela Imaculada Conceição da Virgem Maria preparastes a vosso Filho digna habitação, nós vos rogamos que, como a preservastes de toda mancha pela previsão da morte de seu mesmo Filho, nos concedais, por sua intercessão, que também puros cheguemos até vós. Por Cristo, nosso Senhor.
R. Amém.

Novena a São José

Começa no dia 10 de março

Ó glorioso São José, que pela vossa pureza merecestes ser escolhido por Deus para esposo da mais digna das Virgens e guarda da sua virgindade, pelos merecimentos de Jesus, alcançai-nos o dom da castidade.
Pai-Nosso, Ave-Maria, Glória ao Pai...

Ó glorioso São José, a quem foram confiados aos vossos cuidados o próprio Filho de Deus e a sua Mãe Santíssima, alcançai-nos, pelos merecimentos de Cristo, verdadeiro amor e constante devoção a Jesus e a Maria.
Pai-Nosso, Ave-Maria, Glória do Pai...

Ó glorioso São José, que em prêmio da fidelidade com que cuidastes da Sagrada Família, tivestes a boa morte nos braços de Jesus e de Maria, alcançai-nos a graça de cumprirmos os deveres e mereçamos morrer amparados por Jesus e por Maria.
Pai-Nosso, Ave-Maria, Glória ao Pai...

Oração

São José, a vosso patrocínio recorremos confiantes. Pela caridade que vos uniu à Virgem Imaculada, e pelo amor paternal que tivestes ao Menino Jesus, nós vos pedimos que olheis com bondade por aqueles que Jesus Cristo redimiu com o seu sangue. São José, socorrei-nos em nossas necessidades.

Protegei, ó protetor da divina Família, o povo eleito de Jesus Cristo. Afastai para longe de nós, a praga do erro e do vício. Assisti-nos do alto do céu, bondoso São José, na luta contra o poder das trevas. Assim como outrora salvastes a vida ameaçada do Menino Jesus, assim também defendei agora a Santa Igreja de Deus das ciladas de seus inimigos e de toda a adversidade.

Amparai a cada um de nós com vossa constante ajuda, a fim de que, a vosso exemplo, possamos viver com justiça e piedade, morrer santamente, e ganhar a vida eterna. Amém.

Ladainha de São José

Senhor, tende piedade de nós.
Jesus Cristo, tende piedade de nós.
Senhor, tende piedade de nós.
Jesus Cristo, ouvi-nos.
Jesus Cristo, atendei-nos.
Deus, Pai dos céus, tende piedade de nós.

Deus Filho, Redentor do mundo,
Deus Espírito Santo,
SS. Trindade que sois um só Deus.
Santa Maria, rogai por nós.
São José, ilustre descendente de Davi,
Luz dos Patriarcas.
Esposo da Mãe de Deus,
Casto defensor da Virgem,
Pai adotivo do Filho de Deus,
Desvelado defensor de Cristo.
Chefe da sagrada família,
José justíssimo,
José castíssimo,
José prudentíssimo,
José fortíssimo,
José obedientíssimo,
José fidelíssimo,
Espelho de paciência,
Amante da pobreza,
Modelo dos operários,
Glória da vida doméstica,
Guarda das virgens,
Sustentáculo das famílias,
Alívio dos infelizes,
Esperança dos enfermos,
Padroeiro dos moribundos,
Terror dos demônios,
Protetor da Igreja.

Cordeiro de Deus, que tirais o pecado do mundo,
perdoai-nos, Senhor.
Cordeiro de Deus, que tirais o pecado do mundo,
ouvi-nos, Senhor.
Cordeiro de Deus, que tirais o pecado do mundo,
tende piedade de nós.

V. O Senhor o fez dono de sua casa.
R. E príncipe de todos os seus domínios.

OREMOS — Ó Deus, que em vossa inefável providência vos dignastes escolher o bem-aventurado São José para esposo da Virgem Santíssima, concedei-nos, nós vos pedimos, que o venerando neste mundo como protetor, mereçamos tê-lo como intercessor no céu. Por Cristo, nosso Senhor.
R. Amém!

Tríduo a Santa Margarida Maria

Festa em 16 de outubro

Primeiro dia

1. Ó querida Santa Margarida Maria, que só ao ouvirdes a palavra pecado, sentíeis profunda dor no coração, alcançai para todos nós pecadores, horror ao pecado e a graça de não entristecer o amado Coração de Jesus com infidelidades e ingratidões.

Pai-Nosso, Ave-Maria, Glória ao Pai.

2. Ó querida Santa Margarida Maria, que tanto agradastes ao Coração de Jesus pela vossa sincera humildade, alcançai-nos a graça de imitar-vos, gravando em nossos corações as palavras do Divino Mestre: "Aprendei de mim que sou manso e humilde de coração".

Pai-Nosso, Ave-Maria, Glória ao Pai.

3. Ó querida Santa Margarida Maria, que sofrestes por amor de Jesus, fortalecei nossa fraqueza, alcançando-nos a graça de suportar com paciência as aflições e adversidades atuais e futuras, segundo a vontade de Deus.

Pai-Nosso, Ave-Maria, Glória ao Pai.

V. Rogai por nós, Santa Margarida Maria.
R. Para que sejamos dignos das promessas de Cristo.

OREMOS — Senhor Jesus Cristo, que revelastes maravilhosamente as insondáveis riquezas de vosso Coração à Santa Margarida Maria, concedei-nos por seus merecimentos e à sua imitação que, amando-vos em tudo e sobre todas as coisas, mereçamos ter perpétua morada no vosso mesmo Coração.
R. Amém!

Segundo dia

1. Ó querida Santa Margarida, que fostes escolhida para promover o culto ao Sagrado Coração de Jesus, alcançai-nos grande amor a esse Coração adorável, de modo que possamos colher os frutos desta salutar devoção.

Pai-Nosso, Ave-Maria, Glória ao Pai.

2. Ó querida Santa Margarida Maria, que escrevestes: "A devoção ao Coração de Jesus não consiste

só na oração, mas é principalmente uma devoção de perfeita imitação", alcançai-nos a graça de imitar as virtudes deste divino Coração, especialmente Sua doçura, humildade e caridade.

Pai-Nosso, Ave-Maria, Glória ao Pai.

3. Ó querida Santa Margarida Maria, vítima por obediência ao vosso Celeste Esposo, alcançai-nos a graça de vencer o orgulho e acolher docilmente a vontade de Deus.

Pai-Nosso, Ave-Maria, Glória ao Pai.

V. Rogai por nós, Santa Margarida Maria.
R. Para que sejamos dignos das promessas de Cristo.

OREMOS — Senhor Jesus Cristo, que revelastes maravilhosamente as insondáveis riquezas de vosso Coração à Santa Margarida Maria, concedei-nos por seus merecimentos e à sua imitação que, amando-vos em tudo e sobre todas as coisas, mereçamos ter perpétua morada no vosso mesmo Coração.
R. Amém!

Terceiro dia

1. Ó querida Santa Margarida Maria, que pela vossa fidelidade à graça de Deus chegastes à mais alta e heroica santidade, compadecei-vos de nossas

vacilações. Fazei que compreendamos que nossa santificação depende da nossa perseverança.

Pai-Nosso, Ave-Maria, Glória ao Pai.

2. Ó querida Santa Margarida Maria, que merecestes o privilégio de ter sempre a Deus presente e de ter vosso abrigo no Coração de Jesus, alcançai-nos renunciar a todos os afetos desordenados, para que caminhemos sempre na presença de Deus, unidos ao Coração de Jesus.

Pai-Nosso, Ave-Maria, Glória ao Pai.

3. Ó querida Santa Margarida Maria, que encontráveis delícias na oração, e especialmente na adoração ao Santíssimo Sacramento, alcançai-nos firme devoção a este grande mistério, de modo que ele seja nossa consolação nesta vida e o refúgio na hora de nossa morte.

Pai-Nosso, Ave-Maria, Glória ao Pai.

V. Rogai por nós, Santa Margarida Maria.
R. Para que sejamos dignos das promessas de Cristo.

OREMOS — Senhor Jesus Cristo, que revelastes maravilhosamente as insondáveis riquezas de vosso Coração à Santa Margarida Maria, concedei-nos por seus merecimentos e à sua imitação que, amando-vos em tudo e sobre todas as coisas, mereçamos ter perpétua morada no vosso mesmo Coração.
R. Amém!

Oração para o dia da festa

Santa Margarida Maria, tu és a honra e glória da Ordem da Visitação de Nossa Senhora, a grande propagadora do culto do Sagrado Coração de Jesus. Quem melhor que vós me poderá alcançar a graça desta devoção? Jesus vos declarou discípula predileta do seu Coração, herdeira dele e de seus tesouros. Vós aceitastes sofrer neste mundo, propagando as suas glórias, antes do se alegrar com Ele nos céus. Com que júbilo, ainda nesta vida, vistes venerado por toda a parte o Sagrado Coração? Nesta terra fostes tão caridosa que intercedestes mesmo por pessoas que contrariavam vosso zelo em promover as glórias do Sagrado Coração. Sem dúvida, muito mais fareis agora por quem vos pede maior amor para retribuir a Ele que tanto nos ama. Intercedei para que cresça em nós cada vez mais este amor e se estenda para todo o mundo este culto e devoção, para que voltem os desgarrados ao bom caminho e vivamos nesta terra dias de tranquilidade e paz. Amém!

V. Rogai por nós, Santa Margarida Maria.
R. Para que sejamos dignos das promessas de Cristo.

Arquivo

Novena da Graça a São Francisco Xavier

Festa em 3 de dezembro

Ó São Francisco Xavier, padroeiro, com Santa Teresinha, das missões e do Apostolado da Oração, convosco adoramos a divina Majestade. Muito nos alegramos, louvando os especiais dons de graça que Deus vos concedeu durante a vida e, depois da morte, a glória. De todo coração nós vos pedimos que nos alcanceis a graça de viver e morrer santamente. Nós vos pedimos também... (pede-se a graça desejada). Alcançai-nos o que for para a maior glória de Deus e nosso maior bem. Amém!

Pai-Nosso, Ave-Maria, Glória ao Pai...

Oração de São Francisco Xavier pela conversão dos infiéis

Eterno Deus, Criador de todas as coisas, as pessoas que ainda não creem são criadas à vossa imagem e semelhança. Jesus Cristo, vosso Filho, sofreu morte cruel pela salvação de todos. Não permitais, então, que o vosso divino Filho continue sendo ignorado e desprezado pelos infiéis. Aceitai as orações da Igreja, Esposa do vosso amado Filho. Confiamos na vossa misericórdia e pedimos perdão por toda idolatria e infidelidade. Que todos finalmente reconheçamos e amemos Jesus Cristo, nosso salvador e redentor. A Ele seja dada a glória agora e sempre. Amém!

V. São Francisco Xavier, rogai por nós.
R. Para que sejamos dignos das promessas de Cristo.

OREMOS — Ó Deus, que pela pregação e milagres de São Francisco Xavier, conquistastes para vós muitos povos dos Oriente, concedei-nos o mesmo zelo, para que a santa Igreja possa se alegrar com o nascimento de novos filhos por toda a terra. Por Cristo, Nosso Senhor.
R. Amém!

Tríduo ao Sagrado Coração por um doente

1º DIA — Amado Jesus, Filho de Deus, que vos quisestes fazer homem e entregar vossa vida para benefício de todos nós, dignai-vos atender bondosamente às súplicas que vos apresentamos por este(a) doente querido(a). Lembrai-vos da ternura e piedade do vosso Coração, à vista de tantos enfermos. Não deixáveis que fossem embora sem terem sido curados. Será que vosso Coração, agora glorificado, teria perdido esta compaixão? Longe de nós uma suspeita destas! Seria uma injúria! Tende piedade, da situação deste doente. Em virtude da bondade do vosso Coração, atendei-nos prontamente.

Pai-Nosso, Ave-Maria, Glória ao Pai.

Sagrado Coração de Jesus, **temos confiança em Vós!**

2º DIA — Coração de Jesus, oceano de bondade e fonte inesgotável de todas as graças, não desprezeis as súplicas que vos apresentamos. Lembrai-vos que durante vossa vida mortal, movido pelas lágrimas da Cananeia, que vos pedia por sua filha, concedestes o que ela desejava. Compadecido do Centurião, que vos rogava a cura do seu servo, o curastes à distância. Lembrai-vos também que, entrando um dia em casa de Pedro, lhe curaste a sogra, livrando-a da febre que a consumia. Ouvi as nossas preces, restabelecendo a saúde desta pessoa querida que estamos recomendando ao vosso coração.

Pai-Nosso, Ave-Maria, Glória ao Pai.

Sagrado Coração de Jesus, **temos confiança em Vós!**

3º DIA — A vós recorremos, Sagrado Coração de Jesus, confiantes de sermos atendidos. Dissestes à vossa discípula Santa Margarida Maria que não recusaríeis nenhuma graça, desde que não fosse contrária ao nosso bem. Confiamos em vossa Palavra, Senhor! Se for da vossa vontade, restituí a saúde desta pessoa querida. Ó Maria, que sois a mais terna de todas as mães, intercedei por nós junto ao Seu Filho e alcançai-nos a graça que pedimos.

Pai-Nosso, Ave-Maria, Glória ao Pai.

Sagrado Coração de Jesus, **temos confiança em Vós!**

Oração dos que cuidam dos doentes

Jesus, que vos deixastes comover pelas nossas dores e enfermidades, nunca passastes ao lado de um sofredor sem desejar consolá-lo e libertá-lo de seu mal.

Jesus, fonte de caridade, fazei que nossa dedicação aos doentes não venha somente de uma simpatia humana, mas de autêntico amor cristão.

Colocai em nosso coração vosso próprio amor, a fim de que amemos o próximo como vós nos amastes.

Que a força divina de vossa caridade nos eleve acima de nossas emoções, preferências, repugnâncias, e que ela nos ligue aos doentes com serviço generoso. Que ela nos faça capazes de amar e de cuidar alegremente, por amor de vós, daqueles que nos causam perturbação. Que ela nos ajude a dominar qualquer impaciência, sem colocar limites ao nosso desejo de servir.

Por vossa caridade, fazei que amemos os enfermos do mais profundo de nosso coração, e que eles possam sentir através de nós a grandeza e a beleza do vosso amor.

J. Galot

Oração de preparação para a morte

Jesus Cristo, nosso Senhor, Deus de bondade e misericórdia, eu me apresento diante de vós com o coração humilde e confiante, vos pedindo em favor da minha última hora e para todo o sempre. Meu Deus, fazei que, vivendo em justiça e piedade todos os dias de minha vida, mereça sair deste mundo no amor do vosso coração, pelos vossos merecimentos. Amém!

Ladainha dos Agonizantes

Senhor, tende piedade de nós.
Cristo, tende piedade de nós.
Senhor, tende piedade de nós.
Santa Maria, Mãe de Deus, rogai por ele (ela).
São Miguel,
Santos Anjos de Deus,
São João Batista,
São José,
São Pedro e São Paulo,

Santo André,
São João,
Santa Maria Madalena,
Santo Estêvão,
São Lourenço,
Santas Perpétua e Felicidade,
Santa Inês,
Santa Teresa d´Ávila
Santa Teresinha,
Santa Margarida Maria,
São Bento,
São Francisco e Santo Antônio
São Domingos,
Santo Inácio de Loyola,
São Francisco Xavier,
São José de Anchieta,
São Cláudio La Colombière
São João Maria Vianney,
São Camilo,
Todos os santos e santas de Deus.

Sede-nos propício, ouvi-nos Senhor.
Para que nos livreis de todo mal,
Para que nos livreis de todo pecado,
Para que nos livreis da morte eterna,
Pela vossa Encarnação,
Pela vossa Morte e Ressurreição,
Pelo dom do Espírito Santo,
Apesar de nossos pecados,
Jesus, Filho de Deus vivo,

Cristo, ouvi-nos.
Cristo, atendei-nos.

Orações pelos agonizantes

Quando parecer iminente o momento da morte, um dos presentes poderá recitar, de acordo com o ambiente, algumas das orações seguintes:

1. Parte, ó alma fiel, deste mundo, em nome de Deus Pai que te criou; em nome de Jesus Cristo que por ti deu a vida; em nome do Espírito Santo que a ti foi dado. A paz seja hoje o teu lugar e a tua morada junto ao Senhor, na Jerusalém celeste, com a santa Mãe de Deus, com São José e todos os anjos, as santas e os santos de Deus.

2. Irmão caríssimo (irmã caríssima), eu te recomendo a Deus teu Pai e criador para que possas voltar a Ele. Quando partires desta vida, venham ao teu encontro a Virgem Maria, os anjos e todos os santos e santas. O Cristo, por ti crucificado, te receba na liberdade gloriosa dos filhos de Deus. O Cristo, Bom Pastor, te reconheça como sua ovelha. Livre-te de todos

os teus pecados e te coloque entre os seus eleitos. Possas contemplar o teu Redentor face a face e alegrar-se com a visão de Deus agora e sempre. Amém!

3. Salve, Rainha, Mãe de misericórdia, vida, doçura, esperança nossa, salve. A vós bradamos os degredados filhos de Eva. A vós suspiramos, gemendo e chorando neste vale de lágrimas. Eia, pois, advogada nossa, esses vossos olhos misericordiosos a nós volvei. E, depois deste desterro, mostrai-nos Jesus, bendito fruto do vosso ventre. Ó clemente, ó piedosa, ó doce sempre Virgem Maria.

V. Rogai por nós Santa Mãe de Deus,
R. Para que sejamos dignos das promessas de Cristo.

Oração para depois da morte

R. Santos de Deus, vinde em seu auxílio; Anjos do Senhor, correi ao seu encontro. Acolhei a sua alma, levando-a à presença do Altíssimo.

V. Cristo te chamou. Ele te receba, e os anjos te acompanhem para a morada celeste.

R. Acolhei a sua alma, levando-a à presença do Altíssimo.

V. Dai-lhe, Senhor, o repouso eterno, e brilhe para ele (ela) a vossa luz.

R. Acolhei a sua alma, levando-a à presença do Altíssimo.

OREMOS — Senhor Deus, recebei a alma de nosso irmão (nossa irmã) N... Morto(a) para este mundo, viva para vós. Perdoai-lhe, em vossa misericórdia, os pecados da fraqueza humana que tiver cometido. Por Cristo, nosso Senhor.

R. Amém!

Salmo 129: Penitência e confiança em Deus

Das profundezas, Senhor, a vós eu clamo. Senhor, escutai o meu apelo: vossos ouvidos estejam bem atentos ao clamor de minha súplica. Se levardes em conta, Senhor, as nossas faltas, Senhor, quem poderá subsistir? Mas em vós encontra-se o perdão. Minha alma espera no Senhor, em sua palavra tenho confiança; minha alma espera pelo Senhor, mais confiante que o vigia esperando pela aurora. Que o vigia espere pela aurora e Israel pelo Senhor. Porque no Senhor encontra-se a graça, copiosa redenção, é ele quem vai redimir Israel de todas as suas faltas.

V. Dai-lhes, Senhor, o repouso eterno.
R. E brilhe para ele(a) a vossa luz.
V. Que os fiéis defuntos, pela misericórdia de Deus, descansem em paz.
R. Amém!

Celebração da Esperança (pelos falecidos)

1. Acolhida

DIRIG. — Em nome do Pai e do Filho e do Espírito Santo. Amém!

DIRIG. — Caros irmãos e irmãs, nós nos reunimos para pedir a Deus pelos nossos irmãos e irmãs falecidos, mas de modo especial por N... (nome do falecido). Fazemos isso porque acreditamos que a morte não é o fim, mas uma passagem. A igreja nos diz na missa pelos mortos: "A vida não é tirada, mas transformada". E São Paulo nos diz: "Sabemos que aquele que ressuscitou ao Senhor Jesus nos ressuscitará também com Ele". Assim, acima da nossa dor pela separação, devemos colocar nossa fé na ressurreição dos mortos. Expressemos, então, nossa confiança no Deus da ressurreição.

2. Profissão de fé

TODOS — Creio em Deus Pai todo-poderoso... Amém!

DIRIG. — Cremos, Senhor, mas aumentai a nossa fé. Nós vos confiamos o(a) nosso(a) irmão(ã) N... Acolhei-o(a) junto de vós. Já que sua vida não foi tirada, mas transformada, concedei-lhe agora a felicidade da vida eterna. Isto Vos pedimos por Jesus Cristo, que por nós morreu e ressuscitou, e agora vive e reina convosco na unidade do Espírito Santo. Amém!

3. Pedidos de perdão

DIRIG. — Para que nossa oração seja sincera e manifeste realmente a nossa união, peçamos perdão de tudo o que nos separa do nosso Pai celeste, arrependendo-nos de nossas faltas.

LEITOR — Nós cremos em Vós, ó Deus, mas nem sempre vivemos de acordo com essa fé; esquecemos vossos mandamentos e prejudicamos aos nossos semelhantes. Por isso, Senhor, tende piedade de nós.

TODOS — Senhor, tende piedade de nós.

LEITOR — Jesus Cristo, Filho eterno de Deus Pai, morto na cruz e ressuscitado, sois a fonte da vida eterna. Perdoai o mal que fizemos contra nossos semelhantes e a nossa omissão. Por isso, Cristo, tende piedade de nós.

TODOS — Cristo, tende piedade de nós.

LEITOR — Espírito Santo, que sois um só Deus com o Pai eterno e com Jesus, derramastes a Vossa própria vida em nosso corpo e em nossas vidas. Vós sois a certeza da felicidade eterna para todos. Senhor, perdoai todas as vezes que não nos deixamos guiar pelo Espírito e não valorizamos a vida que vem de Vós. Por isso, Senhor, tende piedade de nós.

TODOS — Senhor, tende piedade de nós.

DIRIG. — Pai de misericórdia e Deus de toda consolação, Vós nos acompanhais com amor eterno, transformando as sombras da morte em aurora de vida. Olhai agora as lágrimas dos vossos filhos. Dai-nos, Senhor, Vossa força e proteção para que a tristeza se ilumine com a luz da Vossa paz. O Vosso Filho e Senhor nosso, morrendo destruiu nossa morte, e ressurgindo deu-nos novamente a vida. Dai-nos a graça de ir ao seu encontro para que, após a caminhada desta vida estejamos um dia reunidos com nossos irmãos e irmãs, onde todas as lágrimas serão enxugadas. Por Nosso Senhor Jesus Cristo, na Unidade do Espírito Santo. Amém!

4. Evangelho

DIRIG. — Evangelho de Jesus Cristo escrito por São João (14,1-3)

TODOS — Glória a Vós, Senhor.

DIRIG. — Disse Jesus: "Não fique perturbado o coração de vocês. Acreditem em Deus e acreditem também em mim. Existem muitas moradas na casa de meu Pai. Se não fosse assim, eu lhes teria dito, porque vou preparar um lugar para vocês. E quando eu for e lhes tiver preparado um lugar, voltarei e levarei vocês comigo, para que onde eu estiver, estejam vocês também". Palavra da Salvação.

TODOS — Glória a Vós Senhor.

5. Breve reflexão

Meus irmãos e irmãs, se na casa do Pai existem moradas e essas moradas não foram feitas pelo homem, mas são obras de Deus, então, a morte não é o fim, pois Cristo garantiu para nós a Ressurreição e a Vida. Dessa forma, com a morte, iniciamos uma outra vida, vida de alegria, de paz e de felicidade. É a vida para além da morte. A morte é o chamado de Deus para habitarmos uma das moradas eternas, vermos a Deus tal qual Ele é; e isto para sempre. Para nós cristãos, que cremos no "Deus dos vivos", resta-nos a esperança de um dia voltarmos também a casa do Pai para vivermos com nossos familiares, amigos, irmãos e irmãs. Então, formaremos todos uma só família, a família de Deus, onde viveremos como irmãos e irmãs, participando da própria vida do Pai.

6. Oração dos fiéis

DIRIG. — Façamos a Deus, que é fonte da vida, nossas preces comunitárias pelos vivos e pelos mortos.

LEITOR — Pelo nosso(a) irmão(ã) N... que recebeu no Batismo a semente da vida eterna, para que Deus lhe conceda o convívio dos Santos, rezemos ao Senhor.

TODOS — Senhor, escutai a nossa prece.

LEITOR — Para que suas boas obras o(a) acompanhem juntamente com nossas orações, rezemos ao Senhor.

LEITOR — Para que neste momento de dor e tristeza, a esperança na vida eterna seja conforto para seus familiares e amigos, rezemos ao Senhor.

LEITOR — Por todos os falecidos de nossa comunidade, para que participem da glória de Deus, rezemos ao Senhor.

LEITOR — Para que valorizemos sempre mais a nossa vida e a vida daqueles que convivem conosco, rezemos ao Senhor.

LEITOR — Por todos que sofrem, para que nunca se julguem abandonados por Deus, rezemos ao Senhor.

DIRIG. — Pai de bondade, recebei junto de Vós N... para que com todos os Santos e Santas possa reinar convosco na luz da vossa glória. Por Cristo, Nosso Senhor.

TODOS — Amém!

Celebração da Esperança (pelos falecidos)

7. Rito de encomendação

DIRIG. — Quando nos despedimos de alguém que amamos e admiramos, é sempre um momento difícil. Está chegando a hora de nos despedirmos deste(a) nosso(a) irmão(ã). Entreguemos a sua vida a Deus para que Ele o(a) acolha na sua morada. Com fé e confiança, recomendemos o(a) nosso(a) irmão(ã) N... ao Pai de misericórdia, acompanhando(a) com nossas preces. Ele(a), que recebeu no Batismo a adoção dos filhos e das filhas de Deus, seja agora convidado(a) a participar nos céus no convívio dos Santos e Santas, e torne-se herdeiro(a) das promessas eternas. Rezemos também por aqueles que hoje choram, para que um dia, com nosso(a) irmão(ã), possam ir ao encontro de Cristo, quando Ele, em nossa vida, aparecer na sua glória.

Em vossas mãos, Pai de misericórdia, entregamos nosso(a) irmão(ã), N... na firme esperança de que ele(a) ressurgirá com Cristo no último dia, com todos os que no Cristo adormeceram. Escutai na vossa misericórdia as nossas preces: abri para ele(a) as portas do paraíso, e a nós, que ficamos, concedei que nos consolemos mutuamente com as palavras da fé, até o dia em que nos encontraremos todos em vossa casa. Por Cristo, nosso Senhor.

TODOS — Amém!

DIRIG. — Dai-lhe, Senhor, o repouso eterno.

TODOS — E brilhe para ele(a) a vossa luz.

Asperge-se o corpo com água benta; as pessoas podem se aproximar para fazer a despedida, enquanto se reza e canta:

Pai-Nosso... Ave-Maria...

Canto

Se as águas do mar da vida quiserem te afogar, segura na mão de Deus e vai. Se as tristezas desta vida quiserem te sufocar, segura na mão de Deus e vai.

Segura na mão de Deus, segura na mão de Deus, pois ela, ela te sustentará. Não temas segue adiante e não olhes para trás. Segura na mão de Deus e vai.

8. Bênção final

DIRIG. — Só conseguiremos a vida eterna se aqui e agora soubermos construir a paz, promover a unidade, semear o amor. A homenagem mais valiosa que podemos prestar a N... é recordar somente os bons exemplos que nos deixou e as boas obras que realizou.

DIR. — O Senhor esteja convosco.

TODOS — Ele está no meio de nós.

DIRIG. — O Deus de toda consolação nos dê a sua bênção. Ele que na sua bondade criou o ser humano e deu aos que creem em seu Filho ressuscitado a esperança da Ressurreição.

TODOS — Amém!

DIRIG. — Deus nos conceda o perdão dos pecados e a todos os que morreram, a paz e a luz eterna.

TODOS — Amém!

DIRIG. — E todos nós, crendo que Cristo ressuscitou dentro os mortos, vivamos eternamente com Ele.

TODOS — Amém!

DIRIG. — Abençoe-vos o Deus de bondade, Pai, Filho e Espírito Santo.

TODOS — Amém!

DIRIG. — A certeza da ressurreição seja nossa força e nossa alegria. Permaneçamos em paz e que o Senhor nos acompanhe hoje e sempre.

TODOS — Graças a Deus.

Canto

Com minha Mãe estarei
Na santa glória um dia,
Junto à virgem Maria
No céu triunfarei.

No céu, no céu,
Com minha Mãe estarei. (bis)

Te Deum
E. Athaíde/Pe. Zezinho, SCJ

Deus infinito nós te louvamos
E nos submetemos ao teu poder
As criaturas no seu mistério mostram
A grandeza de quem lhes deu o ser.

Todos os povos sonham e vivem
Nesta esperança de encontrar a paz
Suas histórias todas apontam
Para o mesmo rumo, onde Tu estás.

Santo, Santo, Santo!
Santo, Santo, Santo!
Todo poderoso,
É o nosso Deus!

Senhor Jesus Cristo, nós te louvamos
E te agradecemos teu imenso amor.
Teu nascimento, teu sofrimento
Trouxe vida nova, onde existe a dor.

Nós te adoramos e acreditamos
Que és o Filho Santo do nosso Criador
E professamos tua verdade
Que na humanidade plantou tamanho amor.

Deus infinito, teu Santo Espírito
Renova o mundo sem jamais cessar
Nossa esperança, nossos projetos
Só se realizam quando Ele falar.

Todo poderoso, somos o teu povo
Que na esperança vive a caminhar
Dá que sejamos teu povo santo
Que fará do mundo teu trono e teu altar

V. Salvai o vosso povo e abençoai essa herança
R. Velai sobre ela, guardai-a sempre.
V. Quero bendizer-vos todos os dias,
R. Louvar o vosso nome agora e sempre.
V. Guardai-nos sem pecado neste dia.
R. Tende piedade de nós, Senhor, tende piedade.
V. Senhor, que o vosso amor vele sobre nós.
R. Assim como colocamos em vós nossa esperança.
V. Bendigamos ao Pai e ao Filho e ao Espírito Santo.
R. Demos graças a Deus para sempre.

Cantos diversos

CANTOS DO AO

1. Hino do Apostolado

Levantai-vos, soldados de Cristo;
Eia avante! na senda da glória;
Desfraldai no pendão da vitória;
O imortal Coração de Jesus.

Não nascemos senão para a luta;
De batalha amplo campo é a terra;
É renhida e constante esta guerra,
Apanágio dos filhos de Adão.

No combate esforçados, valentes.
Não temais, ó soldados de Cristo;
O triunfo será nunca visto,
Se souberdes cumprir sua lei.

Amparai-vos no escudo da graça,
Fortaleza circunde vossa alma;
Pela fé no Senhor, vossa palma;
É segura na eterna mansão.

É Jesus nosso Rei soberano;
Seu amor de atrair-nos não cessa,
De vencer dá-nos firme promessa,
E prepara fiel galardão.

Oh! segui deste Rei tão amante
O estandarte divino, glorioso;
Contra as forças do inferno teimoso
Ele só à vitória conduz.

De Jesus Coração sacrossanto
Guardai pura esta santa bandeira
No combate esperança fagueira;
Do triunfo seguro penhor.

2. Hino do Apostolado
(2ª versão)

Despertai seguidores de Cristo,
Que em seu nome aqui estais reunidos.
Não façais surdos vossos ouvidos
Ao chamado de Cristo Jesus.

Deus é amor e quem ama o conhece,
Nada sabe de Deus quem não ama.
Foi o Pai quem amou-nos primeiro,
E a este mundo seu Filho enviou.

Jesus Cristo o Filho de Deus
Foi espelho de amor de seu Pai.
De bondade e ternura infinita
Transbordava o seu coração.

Com amor acolheu sempre a todos:
Ao impuro, ao descrente, ao enfermo,
À mulher pecadora, à estrangeira,
À criança, ao mendigo, ao pagão.

Perdoou e teve misericórdia,
A ninguém aceitou condenar.
Abraçou Madalena e Zaqueu,
Sua missão era só pra salvar.

Combateu a mentira e o ódio,
A injustiça e a desigualdade.
Ensinou sermos todos irmãos,
Com o mesmo direito e valor.

3. Coração Santo
Tiburtino Mondin

Coração Santo, Tu reinarás!
Tu, nosso encanto, sempre serás!

Jesus amável, Jesus piedoso,
Deus amoroso, fonte de amor.
A teus pés venho, se tu me deixas,
Sentidas queixas, humilde expor.

Divino peito, que amor inflama,
Que em viva chama, ardendo estás.
Olha esta terra, tão desolada,
E abrasada, logo a verás.

Estende, pois, teu suave fogo.
E tudo logo se inflamará.
Mais tempo a terra, no mal sumida,
E endurecida não ficará.

4. Coração de Jesus, fonte da Vida
Ir. Ofélia de Carvalho, ASCJ

O Coração de Jesus é a fonte da Vida.
O Coração de Jesus é a fonte do Amor.
O Coração de Jesus é ternura infinita.
É nesta fonte que vou saciar minha sede,
    aliviar minha dor.
É nesta fonte que vou saciar minha sede,
    aliviar minha dor.

Quero entrar, ó Jesus no Teu Coração,
E nesta escola aprender às Tuas lições de paz.
A mansidão, humildade, saber perdoar.
O Teu amor ó Jesus, vou testemunhar.

O Coração de Jesus é a fonte de graças.
O Coração de Jesus é oceano de Paz.
O Coração de Jesus é total segurança.
É nesta fonte divina que o homem se anima,
    sua vida refaz.
É nesta fonte divina que o homem se anima,
    sua vida refaz.

O Coração de Jesus é suprema alegria.
O Coração de Jesus é a porta do céu.
O Coração de Jesus é a melhor companhia.
Faz caminhada conosco, na Eucaristia,
    amigo fiel.
Faz caminhada conosco, na Eucaristia,
    amigo fiel.

5. Súplicas ao Coração de Cristo
Ir. Ofélia de Carvalho, ASCJ

Coração de Cristo, coração de homem.
Coração de Deus: ouve nosso grito,
Coração querido, somos filhos teus.
Um coração novo para um mundo novo
viemos suplicar. Coração bondoso
o teu povo ainda não sabe amar.

Coração de Cristo, coração de homem.
Coração de Deus: ouve nosso grito,
Coração querido, somos filhos teus.
Um coração novo para um mundo novo
viemos te pedir. Coração humilde,
o teu povo ainda não sabe servir.

Coração de Cristo, coração de homem.
Coração de Deus: ouve nosso grito,
Coração querido, somos filhos teus.
Um coração novo para um mundo novo
viemos implorar. Coração tão manso,
ensina teu povo sempre a perdoar.

Coração de Cristo, coração de homem.
Coração de Deus: ouve nosso grito,
Coração querido, somos filhos teus.
Um coração novo para um mundo novo
viemos te cantar. Coração fraterno,
ensina teu povo os bens partilhar.

Coração de Cristo, pobre e solidário,
és nossa riqueza: ouve nosso grito.
Coração querido, vê nossa pobreza.
Um coração novo para um mundo novo,
todos precisamos. Haja paz na terra,
reine a justiça, nós te suplicamos.

6. Honra e glória

Honra e glória, louvor sempiterno
A Jesus, a Jesus Redentor!
Deus de Deus, Luz de Luz, Verbo eterno
Cristo Rei, do Universo Senhor.

Jesus, Rei, Deus verdadeiro,
O teu reino venha a nós.
Obedeça o mundo inteiro
Ao poder de tua voz.

O universo homenagens Lhe renda,
Aos seus pés traga o mundo cristão.
De almas livres a livre oferenda.
Corações para o seu Coração.

O estandarte do amor se desdobra,
Brilha aí o sinal do perdão.
Ele guia os valentes à obra
Do divino e imortal Coração.

7. Dá-nos um coração

Dá-nos um coração grande para amar!
Dá-nos um coração forte para lutar!

Gente nova criadora da história,
Construtora da nova humanidade!
Gente nova que vive a existência,
Como risco de um longo caminhar!

Gente nova lutando em esperança,
Caminhante, sedenta de verdade!
Gente nova, sem freios nem cadeias,
Gente livre que exige liberdade!

Gente nova, amando sem fronteiras,
Não havendo mais raça nem lugar!
Gente nova ao lado dos pobres,
Partilhando com eles casa e pão.

8. Conheço um coração
Pe. Joãozinho, SCJ

Conheço um coração tão manso, humilde e sereno.
Que louva ao Pai por revelar Seu Nome aos pequenos.
Que tem o Dom de amar, que sabe perdoar,
e deu a vida para nos salvar!

Jesus, manda Teu Espírito,
para transformar meu coração!

Às vezes no meu peito bate um coração de pedra.
Magoado, frio, sem vida, aqui dentro ele me aperta.
Não quer saber de amar, nem sabe perdoar,
quer tudo e não sabe partilhar.

Lava, purifica e restaura-me de novo.
Serás o nosso Deus e nós seremos o Seu povo.
Derrama sobre nós, a água do amor,
o Espírito de Deus nosso Senhor!

9. Viva o Sagrado Coração
Ir. Ofélia de Carvalho, ASCJ

Viva! Viva! Viva, viva, viva o Sagrado Coração!

Gosto, gosto, gosto do Sagrado Coração,
Falo, falo, falo, falo d'Ele aos meus irmãos.
Digo, digo, digo, digo, digo com amor:
Coração de Cristo, Coração do Redentor.

Bato, bato, bato, bato palmas todo dia,
Bato, bato palmas ao Sagrado Coração.
Danço, danço, danço, danço, danço de alegria.
Danço de alegria e abraço o meu irmão.

CANTOS EUCARÍSTICOS

10. Glória a Jesus

Glória a Jesus na hóstia santa,
Que se consagra sobre o altar;
E aos nossos olhos se levanta
Para o Brasil abençoar.

Que o Santo Sacramento,
Que é o próprio Cristo Jesus,
Seja adorado e seja amado
Nesta terra de Santa Cruz.

Glória a Jesus prisioneiro
Do nosso amor, a esperar,
Lá no sacrário o dia inteiro,
Que o vamos todos procurar.

Glória a Jesus, Deus escondido,
Que vindo a nós na comunhão,
Purificado, enriquecido,
Deixa-nos sempre o coração.

Glória a Jesus, que ao rico, ao pobre
Se dá na Hóstia em alimento,
E faz do humilde e faz do nobre
Um outro Cristo em tal momento.

11. Cantemos a Jesus

Cantemos a Jesus Sacramentado,
Cantemos ao Senhor. Deus está aqui.
Oh! vinde adoradores.
Adoremos a Cristo Redentor.

Glória a Cristo Jesus!
Céus e terra, bendizei ao Senhor!
Louvor e glória a ti, ó Rei da Glória.
Amor pra sempre a ti, ó Deus de Amor!

Unamos nossa voz à dos cantores
Do coro celestial. Deus está aqui,
Ao Deus destes altares
Exaltemos com gozo angelical.

Acende em nosso ser a viva chama
Do mais fervente amor.
Deus está aqui, Está porque nos ama
Como Pai, como amigo e benfeitor.

12. A Jesus Sacramentado

Eu te adoro, Hóstia divina.
Eu te adoro, Hóstia de amor.

És dos anjos o suspiro,
E dos homens glória e honor.

Eu te adoro, Hóstia divina.
Eu te adoro, Hóstia de amor.

És dos fortes a doçura,
E dos fracos o vigor.

Eu te adoro, Hóstia divina.
Eu te adoro, Hóstia de amor.

És na vida alento e força,
E na morte o defensor.

Eu te adoro, Hóstia divina.
Eu te adoro, Hóstia de amor.

És na terra fiel amigo,
E do céu, feliz penhor.

Eu te adoro, Hóstia divina.
Eu te adoro, Hóstia de amor.

És meu Deus, excelso e grande,
E dos séculos, o Senhor.

13. Eu quisera

Eu quisera, Jesus adorado,
Teu sacrário de amor rodear
De almas puras, florinhas mimosas,
Perfumando teu Santo Altar.

O desejo de ver-te adorado,
Tanto invade o meu coração,
Eu quisera estar noite e dia
A teus pés em humilde oração.

Pelas almas, as mais pecadoras,
Eu te peço, Jesus, o perdão;
Dá-lhes todo o amor e carinho,
Todo o afeto do teu coração.

E se um dia, meu Jesus amado,
Meu desejo se realizar,
Hei de amar-te por todos aqueles
Que, Jesus, não te querem amar.

Lá no céu, meu Jesus querido
Face a face hei de Ti contemplar
Dos teus braços então viverei
Para sempre, Jesus, te amar.

14. Deus de Amor

Deus de Amor nós te adoramos neste Sacramento,
Corpo e Sangue que fizeste nosso alimento.
És o Deus escondido, vivo e vencedor;
A teus pés depositamos todo o nosso amor.

Meus pecados redimiste sobre a tua cruz,
com teu corpo e com teu sangue, ó Senhor Jesus.
Sobre os nossos altares vítima sem par,
teu divino sacrifício queres renovar.

No Calvário se escondia tua divindade,
mas aqui também se esconde tua humanidade.
Creio em ambas e peço como o bom ladrão,
no teu reino, eternamente, tua salvação.

Creio em ti, ressuscitado, mais que São Tomé.
Mas aumenta na minh'alma o poder da fé.
Guarda minha esperança, cresce o meu amor.
Creio em ti, ressuscitado, meu Deus e Senhor!

Ó Jesus que nesta vida pela fé eu vejo,
realiza, eu te suplico, este meu desejo:
ver-te, enfim, face a face, meu divino amigo,
lá no céu eternamente, ser feliz contigo.

15. Nós te adoramos, ó Cristo

Ô, ô, ô... Nós te adoramos, ó Cristo!

Jesus, Palavra eterna,
Amor do Pai,
Filho de Maria.

Jesus, irmão dos pobres,
Sol da justiça,
Defesa do oprimido.

Jesus, bom pastor,
Porta do reino,
Refúgio seguro.

Jesus, luz do mundo,
Caminho do Pai,
Verdade e vida.

Jesus, fonte de água viva,
Pão do céu,
Palavra de vida.

Jesus, amigo fiel,
Humilde e bondoso,
Compassivo.

Jesus, ternura e paz,
Perdão e cura,
União fraterna.

Jesus, ressuscitado,
Mestre dos apóstolos,
Força dos mártires.

Jesus, nossa esperança,
Paz do coração,
Eterna alegria.

16. Queremos Deus

Queremos Deus! Homens ingratos,
Ao Pai supremo, ao Redentor.
Zombam da Fé os insensatos,
Erguem-se em vão contra o Senhor.

Da nossa fé, ó Virgem, o brado abençoai.
Queremos Deus, que é nosso Rei.
Queremos Deus, que é nosso Pai.

Queremos Deus, um povo aflito.
Ó doce Mãe, vem repetir;
Aos vossos pés, d'alma este grito,
Que aos pés de Deus fareis subir.

Queremos Deus e a sã doutrina,
Que nos legou na sua cruz.
Leve à escola e à oficina,
A lei de Cristo, amor e luz.

Queremos Deus! Não contradigam
À lei divina, as nossas leis.
Todos adorem, todos sigam
A Jesus Cristo, Rei dos reis.

CANTOS MARIANOS

17. *Magnificat*
J. Gelineau, SJ

O Senhor fez em mim maravilhas, Santo é seu nome.

— A minha alma engrandece o Senhor,
E exulta meu espírito em Deus, meu Salvador.
— Porque olhou para a humildade de sua serva,
Doravante as gerações hão de chamar-me de bendita.
— O poderoso fez em mim maravilhas,
E santo é o seu nome!
— Seu amor para sempre se estende
Sobre aqueles que o temem.
— Manifesta o poder de seu braço,
Dispersa os soberbos.
— Derruba os poderosos de seus tronos
E eleva os humildes.
— Sacia de bens os famintos,
Despede os ricos sem nada.
— Acolhe Israel, seu servidor,
Fiel a seu amor.
— Como havia prometido as nossos pais,
Em favor de Abraão e de seus filhos para sempre.
— Glória ao Pai e ao Filho, e ao Santo Espírito,
Como era no princípio, agora e sempre. Amém.

18. Viva a Mãe de Deus

Viva a mãe de Deus e nossa
Sem pecado, concebida.
Viva a Virgem Imaculada
A Senhora Aparecida!

Aqui estão vossos devotos
Cheios de fé incendida.
De conforto e de esperança
Ó Senhora Aparecida!

Virgem santa, Virgem bela
Mãe amável, mãe querida.
Amparai-nos, socorrei-nos
Ó Senhora Aparecida!

Protegei a santa Igreja
Mãe terna e compadecida.
Protegei a nossa pátria
Ó Senhora Aparecida!

Amparai a todo clero
Em sua terrena lida.
Para o bem dos pecadores
Ó Senhora Aparecida!

Velai por nossas famílias
Pela infância desvalida.
Pelo povo brasileiro
Ó Senhora Aparecida!

19. Ó Maria, concebida

Ó Maria, concebida
Sem pecado original,
Quero amar-vos toda a vida
Com ternura filial.

Vosso olhar a nós volvei,
Vossos filhos protegei,
Ó Maria, ó Maria.
Vossos filhos protegei.

Sois estrela de bonança,
Entre as trevas a brilhar;
Sois farol de amor e esperança
A quem sulca o negro mar.

Junto a vós o lírio, a rosa
Não têm graça nem candor.
Que sois vós a mais formosa
Entre as obras do Senhor.

20. Com minha Mãe estarei

Com minha Mãe estarei
Na santa glória um dia,
Junto à Virgem Maria
No céu triunfarei.

No céu, no céu,
Com minha Mãe estarei
No céu, no céu,
Com minha Mãe estarei.

Com minha Mãe estarei
Mas já que hei ofendido
A meu Jesus querido,
As culpas chorarei.

Com minha Mãe estarei
Em seu coração terno
Em seu colo materno
Sem fim descansarei.

21. A treze de maio

A treze de maio
Na cova da Iria
Do céu veio à terra,
A Virgem Maria.

Ave, Ave, Ave, Maria.
Ave, Ave, Ave, Maria.

Foi aos pastorinhos,
Que a Virgem falou
Desde então, nas almas,
Nova Luz brilhou.

Das mãos lhe pendiam
Continhas de luz
Assim era o terço,
Da Mãe de Jesus.

A Virgem nos manda
Seu terço rezar
Assim, diz, "meus filhos,
Vos hei de salvar".

A treze de outubro
Foi o seu adeus
E a Virgem Maria,
Voltou para os céus.

A Virgem bendita
Cante seu louvor
Toda nossa terra,
Num hino de amor.

22. Salve Rainha, Mãe de Deus
Pe. José Alves

Salve Rainha Mãe de Deus,
És Senhora nossa mãe,
Nossa doçura, nossa luz,
Doce virgem Maria.

Nós a ti clamamos,
Filhos exilados,
Nós a ti voltamos
Nosso olhar confiante.

Volta para nós, ó Mãe,
Teu semblante de amor.
Dá-nos teu Jesus, ó Mãe,
Quando a noite passar.

Salve Rainha Mãe de Deus,
És auxilio dos cristãos,
Ó Mãe clemente, mãe piedosa,
Doce virgem Maria.

Cantos diversos

23. Maria de Nazaré
Pe. Zezinho, SCJ

Maria de Nazaré,
Maria me cativou.
Fez mais forte a minha fé,
E por filho me adotou.

Às vezes eu paro e fico a pensar,
E sem perceber me vejo a rezar,
E meu coração se põe a cantar,
Pra Virgem de Nazaré.

Menina que Deus amou e escolheu,
Pra Mãe de Jesus, o Filho de Deus,
Maria que o povo inteiro elegeu,
Senhora e Mãe do Céu.

Ave, Maria, Ave, Maria,
Ave, Maria, Ave, Maria.

Maria que eu quero bem,
Maria do puro amor,
Igual a você ninguém,
Mãe pura do meu Senhor.

Em cada mulher que a terra criou
Um traço de Deus Maria deixou,
Um sonho de Mãe Maria plantou,
Pro mundo encontrar a paz.

Maria que fez o Cristo falar,
Maria que fez Jesus caminhar,
Maria que só viveu pra seu Deus,
Maria do povo meu.

24. Imaculada Maria
Frei Fabretti, OFM

Imaculada Maria de Deus.
Coração pobre acolhendo Jesus.
Imaculada Maria do povo.
Mãe dos aflitos que estão junto à cruz.

Um coração que era sim para a vida.
Um coração que era sim para o irmão.
Um coração que era sim para Deus.
Reino de Deus renovando este chão!

Olhos abertos para a sede do povo
Passo bem firme que o medo desterra.
Mãos estendidas que os tronos renegam.
Reino de Deus que renova esta terra!

Faça-se ó Pai, vossa plena vontade.
Que os nossos passos se tornem memória
Do amor fiel que Maria gerou.
Reino de Deus atuando na história!

CANTOS PARA A MISSA

ENTRADA

25. Alegres vamos à casa do Pai
Ir. Míria T. Kolling, ICM

Alegres vamos à casa do Pai,
E na alegria cantar seu louvor!
Em sua casa, somos felizes,
Participamos da ceia do amor!

A alegria nos vem do Senhor.
Seu amor nos conduz pela mão.
Ele é luz que ilumina o seu povo.
Com segurança lhe dá a salvação.

O Senhor nos concede os seus bens
Nos convida à sua mesa sentar.
E partilha conosco o seu pão.
Somos irmãos ao redor deste altar.

26. Não sei se descobriste
Carlos Alberto Navarro/Waldeci Farias

Não sei se descobriste a encantadora luz
no olhar da mãe feliz que embala o novo ser:
nos braços leva alguém, em forma de outro eu;
vivendo agora em dois, se sente renascer.

A mãe será capaz de se esquecer
ou deixar de amar algum dos filhos que gerou?
E se existir acaso tal mulher,
Deus se lembrará de nós em seu Amor.

O amor de mãe recorda o amor de nosso Deus:
tomou seu povo ao colo, quis nos atrair.
Até a ingratidão inflama seu amor:
um Deus apaixonado busca a mim e a ti.

27. Senhor, quem entrará

Senhor, quem entrará no santuário
Pra te louvar. (bis)

Quem tem as mãos limpas
E o coração puro,
Quem não é vaidoso,
E sabe amar. (bis)

Senhor, eu quero entrar no santuário
Pra te louvar. (bis)
Ó dá-me mãos limpas
E um coração puro,
Arranca a vaidade,
Ensina-me a amar. (bis)

Senhor, já posso entrar no santuário
Pra te louvar. (bis)
Teu sangue me lava,
Teu fogo me queima,
O Espírito Santo
Inunda meu ser. (bis)

28. A gente tem um mundo
Cecília Vaz Castilho

A gente tem um mundo pra celebrar;
É Deus que está no fundo deste meu cantar.

Aqui nos reunimos pra agradecer:
A vida é um presente, nela eu posso crer.

Eu vim pedir perdão por te desconhecer.
Agora, em cada irmão, eu vou te receber.

O que estou sofrendo vai construir.
Pois tudo aqui é vida para repartir.

O amor nos fez um povo pra te louvar.
E todo dia é novo tempo de amar.

29. Nós estamos aqui reunidos
L.Floro/Ir. Míria T. Kolling, ICM

Nós estamos aqui reunidos,
como estavam em Jerusalém,
pois só quando vivemos unidos
é que o Espírito Santo nos vem.

Ninguém para este vento passando,
ninguém vê, e ele sopra onde quer.
Força igual tem o Espírito quando
faz a Igreja de Cristo crescer.

Feita de homens a Igreja é divina
pois o Espírito Santo a conduz,
como um fogo que aquece e ilumina,
que é pureza, que é vida, que é luz.

Sua imagem são línguas ardentes,
pois o amor é comunicação;
e é preciso que todas as gentes
saibam quanto felizes serão.

Quando o Espírito espalma suas graças
faz dos povos um só coração.
Cresce a Igreja onde todas as raças,
um só Deus, um só Pai louvarão.

30. Me chamaste para caminhar
Frei Fabretti, OFM

Me chamaste para caminhar na vida contigo.
Decidi para sempre seguir-te e não voltar atrás.
Me puseste uma brasa no peito e uma flecha na alma.
É difícil agora viver sem lembrar-me de ti.

Te amarei, Senhor. Te amarei, Senhor.
Eu só encontro a paz e a alegria bem perto de ti. (bis)

Eu pensei muitas vezes calar e não dar nem respostas.
Eu pensei na fuga esconder-me, ir longe de ti.
Mas tua força venceu-me e ao final eu fiquei seduzido.
É difícil agora viver sem saudades de ti.

Ó Jesus não me deixes jamais caminhar solitário,
Pois conheces a minha fraqueza e o meu coração.
Vem ensina-me a viver a vida na tua presença,
No amor dos irmãos, na alegria, na paz, na união.

31. Ele tem o mundo em suas mãos

Ele tem o mundo em suas mãos. (bis)

Ele é meu Deus e nosso Deus,
Ele é meu Pai e nosso Pai.

Ele fez o universo. (bis)
Ele é quem me deu a vida. (bis)
Ele amou a humanidade. (bis)
Ele deu seu próprio Filho. (bis)
Ele me adotou por filho. (bis)

ACLAMAÇÃO

32. Aleluia: como o Pai me amou
Carlos Alberto Navarro/Waldeci Farias

Aleluia, Aleluia! Como o Pai me amou,
assim também eu vos amei.
Aleluia, Aleluia! Como estou no Pai,
permanecei em mim.

Vós todos que sofreis, aflitos, vinde a mim.
Repouso encontrarão os vossos corações.
Dou graças a meu Pai que revelou
ao pobre, ao pequenino, o seu grande amor.

33. Eu vim para escutar

Eu vim para escutar.
Tua Palavra, Tua Palavra, (bis)
Tua Palavra de amor. (bis)

Eu gosto de escutar.
Eu quero entender melhor.
O mundo ainda vai viver.

34. A Palavra é a semente

A Palavra é a semente
Que Jesus jogou no chão.
No chão de tua mente,
No chão de teu coração.

Semente que caiu na pedra
Semente que não quis brotar,
Há muito coração de pedra,
Que não tem vida pra dar.

Há gente que não tem ouvido,
Há gente que não quer ouvir,
Quem ouve sempre frutifica
Cem por um, milhão por mil.

35. Aleluia: tomai sobre vós
Pe. Eliomar Ribeiro, SJ

Aleluia, Aleluia, Aleluia, Aleluia, Aleluia!

Tomai sobre vós o meu jugo
e aprendei de mim,
que sou manso e humilde de coração.

OFERENDAS

36. Minha vida tem sentido

Minha vida tem sentido
Cada vez que eu venho aqui.
E te faço o meu pedido
De não me esquecer de ti.
Meu amor é como este pão
Que era trigo,
Que alguém plantou,
Depois colheu.

E depois tornou-se salvação
E deu mais vida
E alimentou o povo meu.

Eu te ofereço este pão,
Eu te ofereço o meu amor. (bis)

Minha vida tem sentido
Cada vez que eu venho aqui.
E te faço o meu pedido
De não me esquecer de ti.
Meu amor é como este vinho
Que era fruto,
Que alguém plantou,
Depois colheu.
E depois encheu-se de carinho
E deu mais vida.
E saciou o povo meu.

Eu te ofereço vinho e pão,
Eu te ofereço o meu amor. (bis)

37. Sabes, Senhor
Ir. Lindbergh Pires, SJ

Sabes, Senhor, o que temos
É tão pouco pra dar.
Mas este pouco nós queremos
Com os irmãos compartilhar.

Queremos nesta hora, diante dos irmãos.
Comprometer a vida, buscando a união.

Sabemos que é difícil os bens compartilhar,
Mas com a tua graça, Senhor, queremos dar.

Olhando teu exemplo, Senhor, vamos seguir,
Fazendo o bem a todos, sem nada exigir.

38. Um coração para amar
Pe. Zezinho, SCJ

Um coração para amar, pra perdoar e sentir,
para chorar e sorrir, ao me criar tu me deste.
Um coração pra sonhar, inquieto e sempre a bater,
ansioso por entender as coisas que tu disseste.

Eis o que venho te dar. Eis o que ponho no altar.
Toma, Senhor, que ele é teu, meu coração não é meu!

Quero que o meu coração seja tão cheio de paz.
Que não se sinta capaz de sentir ódio ou rancor.
Quero que a minha oração possa me amadurecer,
leve-me a compreender as consequências do amor.

39. Ofertas Singelas

Ofertas singelas, pão e vinho
Sobre a mesa colocamos.
Sinal do trabalho que fizemos
E aqui depositamos.

É teu também nosso coração.
Aceita, Senhor, a nossa oferta (bis)
Que será depois, na certa,
O teu próprio ser. (bis)

Recebe, Senhor, da natureza
Todo o fruto que colhemos.
Recebe o louvor de nossas obras
E o progresso que fizemos.

Sabemos que tudo tem valor
Depois que a terra visitaste.
Embora tivéssemos pecado,
Foi bem mais o que pagaste.

40. Senhor, meu Deus

Senhor, meu Deus.
Obrigado, Senhor,
porque tudo é teu.

É teu o pão que oferecemos.
É tua a vida que vivemos.
Obrigado, Senhor.

É teu o vinho que ofertamos.
É tua a dor que suportamos.
Obrigado, Senhor.

A tua vida é nossa vida
Na tua casa recebida.
Obrigado, Senhor.

Na cruz crucificados,
Seremos teus ressuscitados.
Obrigado, Senhor.

41. A Ti, meu Deus
Frei Fabretti, OFM

A Ti, meu Deus, elevo meu coração
Elevo as minhas mãos, meu olhar, minha voz.
A Ti, meu Deus, eu quero oferecer meus passos
e meu viver, meus caminhos, meu sofrer.

A tua ternura, Senhor, vem me abraçar.
E a tua bondade infinita, me perdoar.
Vou ser o teu seguidor e te dar o meu coração,
Eu quero sentir o calor de tuas mãos.

A Ti, meu Deus, que és bom e que tens amor,
ao pobre e ao sofredor, vou servir e esperar.
Em Ti, Senhor, humildes se alegrarão,
cantando a nova canção de esperança e de paz.

COMUNHÃO

42. Procuro abrigo nos corações
Carlos Alberto Navarro/Waldeci Farias

Procuro abrigo nos corações, de porta em porta
desejo entrar. Se alguém me acolhe com gratidão,
faremos juntos a refeição. Se alguém me acolhe
com gratidão faremos juntos a refeição.

Eu nasci pra caminhar assim, dia e noite.
Vou até o fim. O meu rosto o forte sol queimou,
meu cabelo o orvalho já molhou: eu cumpro a
ordem do meu coração.

Vou batendo até alguém abrir. Não descanso, o amor me faz seguir. É feliz quem ouve a minha voz e abre a porta, entro bem veloz: eu cumpro a ordem do meu coração.

Junto à mesa vou sentar depois e faremos refeição nós dois. Sentirá seu coração arder e esta chama tenho de acender: eu cumpro a ordem do meu coração.

Aqui dentro o amor nos entretém e lá fora, o dia eterno vem. Finalmente nós seremos um e teremos tudo em comum! Eu cumpro a ordem do meu coração.

43. É bom estarmos juntos
Ir. Míria T. Kolling, ICM

É bom estarmos juntos
À mesa do Senhor,
E unidos na alegria,
Partir o pão do amor.

Na vida caminha quem come deste pão.
Não anda sozinho quem vive em comunhão.

Embora sendo muitos,
É um o nosso Deus,
Com ele, vamos juntos,
Seguindo os passos seus.

Formamos a Igreja,
O corpo do Senhor,
Que, em nós, o mundo veja
A luz do seu amor.

Foi Deus quem deu, outrora,
Ao povo o pão do céu,
Porém, nos dá agora,
O próprio Filho seu.

Será bem mais profundo
O encontro: a comunhão,
Se formos para o mundo
Sinal de salvação.

A nossa eucaristia
Ajude a sustentar,
Quem quer no dia a dia,
O amor testemunhar.

44. Eu vim para que tenham vida
Pe. José Weber, SDV

Eu vim para que todos tenham vida!
Que todos tenham vida plenamente!

Reconstrói a tua vida em comunhão com teu Senhor,
reconstrói a tua vida em comunhão com teu irmão.
Onde está o teu irmão, eu estou presente nele.

Quem comer o pão da vida viverá eternamente.
Tenho pena deste povo que não tem o que comer.
Onde está um irmão com fome, eu estou com fome nele.

Eu passei fazendo o bem, eu curei todos os males.
Hoje és minha presença junto a todo sofredor.
Onde sofre o teu irmão, eu estou sofrendo nele.

Entreguei a minha vida pela salvação de todos.
Reconstrói, protege a vida de indefesos e inocentes.
Onde morre o teu irmão, eu estou morrendo nele.

Este pão, meu corpo e vida pela salvação do mundo,
é presença e alimento nesta santa comunhão.
Onde está o teu irmão, eu estou presente nele.

45. Prova de amor
Pe. José Weber, SDV

Prova de amor maior não há,
Que doar a vida pelo irmão.

Eis que eu vos dou
O meu novo mandamento,
Amai-vos uns aos outros,
Como eu vos tenho amado.

Vós sereis os meus amigos,
Se seguirdes meu preceito,
Amai-vos uns aos outros,
como eu vos tenho amado.

Como o Pai sempre me ama,
Assim também eu vos amei,
Amai-vos uns aos outros
Como eu vos tenho amado.

Permanecei em meu amor
E segui meu mandamento,
Amai-vos uns aos outros,
Como eu vos tenho amado.

E chegando a minha Páscoa,
Vos amei até o fim,
Amai-vos uns aos outros,
Como eu vos tenho amado.

Nisto todos saberão
Que vós sois os meus discípulos,
Amai-vos uns aos outros
Como eu vos tenho amado.

46. Antes da morte e ressurreição
Carlos Alberto Navarro/Waldeci Farias

Antes da morte e ressureição de Jesus,
Ele na Ceia quis se entregar.
Deu-se em comida e bebida pra nos salvar.

E quando amanhecer o dia eterno, a plena visão,
ressurgiremos por crer nesta vida escondida no pão!

Para lembrarmos a morte, a cruz do Senhor,
nós repetimos como Ele fez:
gestos, palavras, até que volte outra vez.

Este banquete alimenta o amor dos irmãos
e nos prepara a glória do céu.
Ele é a força na caminhada para Deus.

Eis o pão vivo, mandado a nós por Deus Pai.
Quem o recebe não morrerá,
no último dia vai ressurgir, viverá.

Cantos diversos

47. Vós sois o caminho
Pe. José F. Campos

Vós sois o caminho, a verdade e a vida,
O pão da alegria descido do céu.

Nós somos caminheiros,
Que marcham para os céus.
Jesus é o caminho,
Que nos conduz a Deus.

Da noite da mentira,
Das trevas para a luz
Busquemos a verdade.
Verdade é só Jesus.

Pecar é não ter vida,
Pecar é não ter luz,
Tem vida só quem segue
Os passos de Jesus.

Jesus, verdade e vida,
Caminho que conduz
As almas peregrinas
Que marcham para a luz.

48. Pelos prados e campinas (Sl 23)
Frei Fabretti, OFM

Pelos prados e campinas verdejantes, eu vou!
É o Senhor que me leva a descansar.
Junto às fontes de águas puras repousantes, eu vou!
Minhas forças o Senhor vai animar.

Tu és Senhor, o meu Pastor,
por isso, nada em minha vida faltará!

Nos caminhos mais seguros junto dele, eu vou!
E pra sempre o seu nome eu honrarei.
Se eu encontro mil abismos nos caminhos, eu vou!
Segurança sempre tenho em suas mãos.

No banquete em sua casa muito alegre, eu vou!
Um lugar em sua mesa, me preparou.
Ele unge minha fronte e me faz ser feliz.
E transborda minha taça em seu amor.

Com alegria e esperança caminhando eu vou!
Minha vida está sempre em suas mãos.
E na casa do Senhor, eu irei habitar
E este canto para sempre irei cantar!

DESPEDIDA & OUTROS

49. Se um dia caíres no caminho
Carlos Alberto Navarro/Waldeci Farias

Se um dia caíres no caminho,
não digas nunca a teu pobre coração:
"És mau e traidor; ingrato e desleal.
Nem olhes mais para o céu; não tens perdão".

Rancor destrói um coração que errou.
Melhor usar de mansidão e amor.

Corrige teu coração ferido,
dizendo: "Amigo, coragem, vamos lá.
Tentemos outra vez, chegar até o fim.
E Deus é bom, Ele vai nos ajudar".

50. O Senhor me chamou

O Senhor me chamou a trabalhar,
A messe é grande, a ceifar.
A ceifar o Senhor me chamou,
Senhor, aqui estou.

Vai trabalhar pelo mundo afora,
Eu estarei até o fim contigo.
Está na hora, o Senhor me chamou,
Senhor, aqui estou.

Teu irmão à tua porta vem bater.
Não vás fechar teu coração.
Teu irmão a teu lado vem sofrer.
Vai logo o socorrer.

Dom de amor é a vida entregar,
Falou Jesus, e assim o fez,
Dom de amor é a vida entregar,
Chegou a minha vez.

Todo o bem que na terra alguém fizer,
Jesus no céu vai premiar,
Cem por um, já na terra ele vai dar,
No céu vai premiar.

51. Segura na Mão de Deus

Se as águas do mar da vida
Quiserem te afogar,
Segura na mão de Deus e vai.
Se as tristezas desta vida, quiserem te sufocar,
Segura na mão de Deus e vai.

Segura na mão de Deus!
Segura na mãe de Deus!
Pois ela, ela te sustentará.
Não temas, segue adiante
E não olhes para trás,
Segura na mão de Deus e vai.

Se a jornada é pesada
E te cansas na caminhada,
Segura na mão de Deus e vai.
Orando, jejuando, confiando e confessando,
Segura na mão de Deus e vai.

O Espírito do Senhor
Sempre te revestirá,
Segura na mão de Deus e vai.
Jesus Cristo prometeu que jamais te deixará,
Segura na mão de Deus e vai.

52. Oração de São Francisco
Pe. Casimiro Irala, SJ

Senhor, fazei-me instrumento de vossa paz:
Onde houver ódio, que eu leve o amor;
Onde houver ofensa, que eu leve o perdão;
Onde houver discórdia, que eu leve a união;
Onde houver dúvida, que eu leve a fé.
Onde houver erro, que eu leve a verdade;
Onde houver desespero, que eu leve a esperança;
Onde houver tristeza, que eu leve a alegria;
Onde houver trevas, que eu leve a luz.

Ó Mestre, fazei que eu procure mais:
Consolar, que ser consolado.
Compreender, que ser compreendido.
Amar, que ser amado.
Pois é dando, que se recebe;
É perdoando, que se é perdoado;
E é morrendo, que se vive para a vida eterna.

53. Hino a São Francisco Xavier
Eduardo Henriques/Pe. Eliomar Ribeiro, SJ

São Francisco Xavier,
Missionário do Senhor,
Conservai-nos na missão,
Renovai o nosso ardor!

Companheiro de Jesus,
companheiro de Inácio,
deixou honras, deixou tudo,
carregou do Mestre a Cruz.
Cheio de amor sem medidas
foi às Índias, ao Japão.
De que vale ganhar mundos
e perder o coração?!

Levando ao mundo inteiro
a mensagem do Evangelho,
abrindo horizontes novos
pra Deus, Divino Mistério.
A braços com a Igreja,
servir com novo fervor.
Corpo repleto de Graça,
a própria vida um louvor.

Do simples sonho com o Reino,
nos ensina a ir além,
no passo de todo povo
caminharmos nós também.
Servindo com nossa Fé,
promovendo a Justiça.
Sob a bandeira de Cristo
lutar em favor da vida.

54. Hino a São José de Anchieta
Pe. Eliomar Ribeiro, SJ

Missionário incansável, padre, amigo e irmão,
Homem forte e valente, todo entregue à missão!
Das Canárias ao Brasil há uma voz que se levanta:
São José de Anchieta, tua vida nos encanta!

Anchieta, santo, missionário e intercessor!
Vem nos ajudar a bem servir ao reino do Senhor!

A maior glória de Deus, a glória maior do povo!
Literato e poeta, profeta de um mundo novo.
Da Bahia a São Paulo há uma voz que se levanta:
São José de Anchieta, tua arte nos encanta!

De cidades, fundador; toda a vida um louvor!
És um exemplo de luta, com as armas do amor.
Do Espírito Santo ao Rio há uma voz que se levanta:
São José de Anchieta, tua força nos encanta!

Defensor do oprimido, dos pequenos e dos pobres:
Índios, crianças e negros, preferência mais que nobre.
Das matas, ruas e tribos há uma voz que se levanta:
São José de Anchieta, teu amor nos encanta!

Companheiro de Jesus, devoto da Mãe Maria,
Boa nova a tua vida, servindo com alegria.
Do ventre da terra mãe há uma voz que se levanta:
São José de Anchieta, testemunho que encanta!

55. Serei o amor (Santa Teresinha)
Ir. Míria T. Kolling, ICM

Em meu amor pela Igreja e ardor missionário
eu quisera ser. Apóstolo, profeta e mártir, também
sacerdote, tudo escolher! No corpo do Senhor, porém, os membros nunca são iguais: do todo
procurando o bem, nenhum é mais.

*Corpo do Senhor, a Igreja, deve ter um coração:
pra que santa ela seja, eis o amor, minha vocação!
Dom melhor, o mais perfeito, tudo abrange, tudo
alcança... Pulsa o coração da Igreja em meu peito:
serei o amor!*

Quisera percorrer a terra e anunciar o Cristo
a todos os irmãos; plantar a cruz em todo canto,
dar a minha vida pela Salvação. Mas a resposta
eu encontrei a este apaixonado amor: é a caridade:
eis a lei, o Dom Maior!

O amor alcança todo tempo, está em toda parte,
é eterno o amor! E toda vocação abrange, nada se
sustenta sem o Dom Maior. Eu sei, enfim, minha
missão, na Mãe Igreja, o meu lugar. Ser tudo, ser
seu coração, somente amar!